セミナー・イベント主催で成功する71の秘訣

安井麻代 著

セルバ出版

はじめに

本書を手に取っていただいたあなたは、次のようなお悩みをお持ちかもしれません。

「セミナーやイベントを開催してみようと思ったけど、やり方がわからない」

「セミナーやイベントを開催しているけど、集客で悩んでいる」

「セミナーやイベントを、どううまくビジネスに絡めていけばいいのか？」

もしそうだとしたら、本書はあなたのためのものです。


私は２００８年頃からセミナーやイベントを開催し始め、これまでに１０００本以上の企画をしてきました。現在では、東京都に2フロア１００坪超のセミナールームを運営し、連続講座のプロデュースや、セミナー企画の講師、コンサルティングも行っていますが、最初は本書を手に取っていただいたあなたと同じように、セミナーやイベントの開催ノウハウや経験もなく、当時は異業種である飲食店経営者でした。毎回手探りの状態で失敗と成功を重ねながらセミナーやイベントの開催をしてきました。

本書では、ノウハウもない、顧客リストもない、初期投資0の状態から、どうやってセミナーやイベントの開催を実現させてきたのか、実際の経験から培った実務的なノウハウをお伝えします。

セミナーやイベントの主催は、出会いの場の創造や人の成長に貢献でき、なおかつ、喜んでもらえる最高の仕事です。また、うまくセミナーやイベントをご自身のビジネスに絡めることができれば、ビジネスの成功が加速度的に早まります。

セミナービジネスの仕組みから企画、集客、運営、開催まで、そのすべてを本書ではお伝えしていきます。

2018年5月

安井　麻代

セミナー・イベント主催で成功する71の秘訣　目次

第2章 セミナービジネスの仕組み

第3章 成功するセミナー・イベント企画とは

第4章 満席御礼！ セミナー・イベントを成功させる集客方法

第5章 当日の開催までの進め方をスムーズにする秘訣

第6章 最大の効果が出る当日の運営の秘訣

第7章 ここが重要、セミナー・イベント開催後のポイント

第1章

主催者になることをすすめる7つの理由

1　今こんなに熱い！　成長市場のセミナービジネス

セミナービジネスの成長

今、本書を手にしているということは、あなたはセミナービジネスに興味があり、主催者として稼ぐことを目指している方なのではと推測します。

あるいは、もうすでに主催者としてビジネスを開始しているけれど、いまいち成果が上がらず、参考になればという気持ちで、本書を開いてくれたのかもしれません。

はたまた、私が主催するセミナーに来てくださったお客様で、「安井の出している本か、ふーん、ちょっと読んでみよう」くらいの気軽な気持ちかもしれませんね。

どんな経緯であれ、セミナービジネス、そしてプロ主催者に興味を持ったあなたは、かなりいいビジネスアンテナを持っていらっしゃるようです。

競合が増えるため、本当はあまり言いたくないのですが、セミナービジネスは今、ものすごい勢いで成長している注目市場。こと主催者ビジネスに関しては、なり手が少ないためブルーオーシャンといってもいいほどです。

私が主催者ビジネスを始めたのは年２００８年。キャリアはすでに10年以上です。

以来、ずっとこのセミナービジネス業界に携わり、セミナーに関連するありとあらゆる仕事を引き受けてきましたが、年々勢いを増しているのを実感しています。実際に、業界大手のポータルサイトの登録ユーザー数を見てみると、２００７年から２０１８年にかけて、約4倍も増加しているのです。

セミナー市場成長の理由

なぜこんなにもセミナービジネス市場は成長しているのか。私が考える理由は2つあります。まず1つ目は、参加者としてセミナーに参加し、学びたい・スキルを身に着けたいという人が増えたことです。

終身雇用制度が崩壊した今、定年まで同じ会社に勤め続けることはほぼいません。会社に頼って生きていくことができなくなったということは、自分にスキルを持たせるしかないのです。そこで武器を増やす手助けをしてくれるのが、セミナー。

ビジネススキルを磨くセミナーは今や数多くあり、意識の高いビジネスマンたちは、こぞって足を運びます。人材育成に力を入れる企業も、セミナーを導入して社員教育を行っています。

そしてもう1つの理由は、新規参入がしやすい業界であるということです。Facebook や Instagram が普及したことにより、SNS 起業家なる人たちが爆発的に増えました。事務所なし、資本金なし、社員なしでも、ネット環境さえあれば、誰でもすぐにビジネスを始められます。セミナービジネスもこれと同じで、始めようと思えば、すぐに始められるビジネスなのです。その新規参入のハードルの低さも、セミナービジネスを大きく発展させている理由の1つなのではと思っています。

セミナーに行きたい人、セミナーを主催したい人。需要と供給が増えれば、市場が成長するのは当然のことですよね。セミナービジネスは今後さらに規模を拡大していくビジネスです。

とりわけ、セミナー講師になりたいという人はたくさんいるのに、主催者をやりたいという人はまだまだ少ないのが現状。ということは、プロの主催者になるのは今がチャンスだといえます。

本書では、セミナービジネスをするための、企画の立て方から資金の回収の仕方まで、プロ主催者に必要なノウハウをすべてお伝えしていこうと思っています。

第1章では、誰もが主催者としてビジネスを始めるチャンスを秘めているということを中心にお伝えしていきます。さぁ、さっそく主催者になるための勉強を始めましょう。

2　人脈、ノウハウ0から セミナー・イベントを成功できるようになったワケ

イメージ定着

今現在、私はセミナービジネスに携わるあらゆる業務を仕事にしています。

自社企画のセミナーを主催することもあれば、クライアントから依頼を受けて企画を考えることもあります。講演会やセミナーのＤＶＤ教材や動画もつくっていますし、ＨＰやチラシの作成を頼まれることもあります。

セミナーを活用してビジネスを拡大したい人向けのコンサルティングも行っていたり、セミナー講師になりたい人や主催者になりたい人の講座をビジネスパートナーとともに主宰しています。

２０１７年からは、セミナールームの運営もスタートさせました。細かく言い出したら、本当にキリがないくらい、色々なことをやっています。おかげさまで、こうしてセミナービジネスに関する本を出版するのも2冊目です。

今でこそ「主催者ビジネスをしている安井」というイメージが定着していますが、11年前まではこの業界とはまったく無縁の場所にいました。

セミナーとの出会い

約20年前、10代の私はまさに夢見るフリーター。オーストラリアにワーキングホリデーに行くことを目標に、時給の高さからバーテンダーとして働いていました。

そんな私がセミナービジネスに出会ったのは、20歳のときに、飲食店を中心とするグループ企業に入社したときでした。

その会社は創業したばかりで拡大思考が強く、人材育成に多くのお金を使ってくれていたのです。

そのとき、初めてセミナーを受講し、セミナービジネスを知りました。

飲食業で必要なバーテンダーとしてのスキル、ホスピタリティやマネジメント研修をはじめ、コーチングやＮＬＰなどの心理学の研修まで、ありとあらゆるセミナーを受講する機会に恵まれました。

会社の方針で、たくさんのセミナーを受けた私は、「セミナービジネスって、一定の需要があるし、ひょっとしてすごくおいしいのでは？」と気が付いたのです。

初期投資もかからず、すぐにできそうなこのビジネスに魅力を感じ、「いつか自分で、セミナー業ができたら」と、そのときはじめて思いました。

企画しやすい交流会

その会社に7年勤めた後に、銀座にバーを出店しました。初期投資にかかった費用は３０００万円。そもそも銀座という立地が高いというのもありましたが、一枚板のカウンターに１００万円使ったというのを今考えると、我ながら随分思い切ったなと思います。

そして私はバーの営業と同時に、もう1つ事業の柱を建てようと思いました。それが、セミナービジネスです。最初はお店を利用した異業種交流会。私のセミナービジネスの始まりです。

３５００円飲み放題というコースで集客したのですが、これが予想以上の反響でした。毎回わんさかと人が集まるので、接客も大変でしたし、参加費も低価格だったため、大きな収益にはなりませんでしたが、集まった人たちの名刺が増えることはそのまま、私の顧客リストという財産が増えていくことを意味していました。

そうして、溜まった顧客リストを使い、セミナーや講演会などを次々と主催していき、現在まで1000回以上のイベントを主催してきました。大成功もあれば、痛い思いをしたこともあります。しかし、そうして得た経験も、主催者を目指す方々に教える講師業をする上で、とても役に立っています。

セミナービジネスをはじめた当初の私は、実績ゼロ、コネクションもゼロ。さらに、教材はおろか、教えてくれる人もいませんでした。そんな私でも、何とかここまで来ることができました。ということは、今本書を手にしているあなたは、10年前の私よりずっと恵まれています。知識を吸収して、ぜひ実践に活かしてほしいです。

3　あなたにはどんなセミナー／イベント企画ができる？

セミナー企画の第一歩　プロ主催者を目指している人と話をすると、こんな質問をよくされます。「主催者としてセミナーを企画したいけど、自分に何ができるかわかりません……」

とても、いい質問です！　自分には何ができるのだろうと考えることこそが、セミナー企画の第一歩だからです。

自分にできることを考えないまま、「起業支援セミナーは人が集まりそう」「私は美容が好きだか

〔図表１　売れる企画に必要な三原則〕

①自分のリソース ②社会性に求められていること ③自分のやっていきたいこと

ら外見の魅力アップセミナーにしよう」などの安易な考えでセミナーを主催すると、高確率で失敗します。セミナーを企画するためには、自分と向き合う作業は不可欠だと思ってください。

なぜ自分と向き合うことが必要なのかというと、売れる企画に必要な【三原則】に関係しています。

この３つの要素が重なるコンテンツが、売れて、しかも自分自身の幸福度の高い企画の理想形と言われています。

自分のリソース

①の「自分のリソース」とは、そのままの意味で、今の自分が持っているスキルです。

「そんなこと言っても何の資格も持ってません！」

「大した学歴もないし、今さらスキルを身に着けろと言われても……」

こんな声が聞こえてきそうですね。でも安心してください。私はこれまでに何千人という生徒、クライアントを見てきましたが、スキルがまったくの０だった人は１人もいません。というよりも、人が生きる上でなんのスキルも身に着けないことは、不可能だからです。

社会に求められていること

自分のスキルを見つける方法については、後の項目でお伝えするとして、2つめの要素が社会に求められていることと「社会性」です。自分がやりたいことをやるだけではなくて、求められていることに即していなかったり、セミナーやイベントを企画するきっかけが、あまりにも自分軸になりすぎていると、売れる企画にはなりません。またそのセミナーやイベントが、社会にどういう利益をもたらすのか、参加者にどんなメリットを与えることができるのか。これが社会性です。社会的価値と言い換えてもいいかもしれません。

どんなイベントでも、社会的価値がないものは、私は開催する意味がないと思っています。私自身「社会的価値がない」と判断したセミナーについては、たとえオファーされてもお断りしています。

しかし、社会性を無視したセミナーが横行しているのも、悲しいですが現実です。セミナービジネスが成長市場である弊害とも言えるかもしれません。

数年前にも「ほったらかしで稼げる」「秒速で稼ぐ」などのキャッチフレーズがついた稼ぎ方を教えるセミナーがブームになりました。

誰でも簡単にできるように謳っておきながら、その実すごく難しい、再現性がない、コンテンツの質が低いなどの問題がありました。情報弱者をターゲットにするようなビジネスモデルは、社会性があるとは思えません。皆さんには、あくまでも社会性のあるセミナーを主催してほしいと思っています。

自分のやっていきたいこと

そして3つ目の要素が、「自分のやっていきたいこと」です。ビジネスはビジョンが曖昧なままだと、舵取りができません。自分はどういうセミナーを主催していきたいのかを明確にして、方向性を決めることが重要です。

あなたには、これから、この3つの要素がうまく入った企画を考えていただこうと思います。

そこで、最初の話に戻ります。三原則を明確にするためには、自分と向き合うことが不可欠だとお話しましたよね。まずは、自分にはどんなリソース（＝スキル）があるかを明確にするために、これからあなたには、ワークをしてもらいたいと思います。

それは、「自分ができること」を書き出すワークです。私はこれを、「自分の棚卸」と呼んでいます。さぁ、頑張って100個目指して書き出してみてください！　恐らく20個、30個あたりで限界が来ると思いますが、頭を絞ってひねり出しましょう。コツは、今の自分からどんどん遡っていくことです。

・会社でチーフマネージャーになった
・心理カウンセラー2級の資格を取った
・焼きおにぎりのレシピを考えた
・結婚式の幹事をやった
・社会科のテストで学年1位を取った

強みとはポジショニングである

最後のほうには、本当になんともいえない、何かが出てくるかもしれません。でもそれだって、あなたの大事なリソースです。あなどれません。

というのも、強みというのは、その人のポジションや環境によって捉え方や価値が変わるからです。私の場合、女性で若くして起業したことがコンプレックスでした。

ビジネスは男性社会なので、若い女性というのはそれだけで弱みになったんです。

ところが、戦う市場を変えると、〝若い女性起業家〟は強みになります。同じような起業家を目指す若い女性たちにとって、実際に実現している人は憧れの存在です。

ある市場では強みなのに、その人のポジショニングがそこにいなければ、コンプレックスのままで終わってしまいます。

あなたが「こんなの役に立たない」と思うような小さな経験も、誰かにとってはすごく必要なものである可能性は大いにあります。

企画を考えて、講師を呼ぶ際にも、このやり方はすごく役に立つのでぜひ覚えておいてください。自分の棚卸ができると、人の棚卸ができるようになるんです。講師にそれを教えてあげるのも主催者の仕事です。

主催者の立場から俯瞰してみると、ポジショニングが間違っているために、講師の持つ個性や特性などが活かせていないこともよく見受けられます。

〔図表２　自分発見シート〕

身体的・性格的・精神的な強み
好きで情熱が動くこと
これまでの成果
得意なこと
克服してきたこと

４　自分の強み発見と現状把握

自分のやっていきたいこと

自分に隠されたリソースが見つかったら、次は、「自分のやっていきたいこと」を考えてみましょう。自分が何をやっていきたいのかは、自分の「好き」に隠されています。

食べることが好き、メイクが好き、文章を書くことが好き、人前で話すことが好き……などなど、好きなものは色々あるはずです。

そこで、またワークにチャレンジしてもらいます。今度は、「自分が好きなことをひたすら書き出す」ワークです。箇条書きでひたすらノートに書き出していきましょう。どんなことでもいいです。思いつく限りどうぞ！

ＰＣではなく、ペンを持ってノートに書くことで脳が活性化されていきます。ぜひ、ペンで書いてくださいね。

思いつく限りすべて書き出すことができましたか？　好きこそものの上手なれというように、そのノートに書いたことすべてが、あなたの強みであり、イベントを魅力的にする要素になります。

「リソースと好きがわかったから、この2つを組み合わせたらいいんですね！」

……と思ってしまいそうですが、それはちょっと違うんです。どういうことかというと、「好き」と「リソース」は、しばしばかけ離れることがあるからです。

たとえば、無類のコスメマニアで、コスメの知識も人一倍長けているAさんという女性がいたとします。Aさんは自分の強みを生かし、「女性向けの外見力アップセミナー」を開催しようと思いつきました。ところが、Aさんのこれまでの職歴やコミュニティーには、圧倒的に男性のほうが多かったとしたらどうでしょう。Aさんがせっかく持っている「男性の顧客リスト」というリソースを生かせていません。〝ズレた企画〟になってしまいます。

リソース×好きの組み合わせ

そうならないためにも、自分の好きという強みを発見したら、今持っているリソースと組み合わせて考えてみます。

再び、コスメマニアのAさんを例に挙げると、企画のターゲットを女性から男性に変えるだけでも、大分よくなるのではないでしょうか。男性スタイリストや、美容家を講師に呼んで、「男性向けの外見力アップセミナー」にすれば、Aさんの顧客リストも活かせます。さらに、コスメマニアという強みは、セミナーの説得力になります。まったくコスメに興味のない主催者が開催するよりも、「無類のコスメマニアで、年間100万円コスメに投資しています！」という主催者が開催したほうが、断然興味のわくセミナーになりますよね。

好きとリソース、この2つをどちらも活かせるようになるのが最高です。ワークが途中の人は、もう一度頭を絞って考えてみてくださいね。

5　あなたが持っている「主催する資格」とは

セミナーを主催する資格

さて、そろそろ、おぼろげながらもイベントの方向性が見えてきたという人もいるかもしれません。では、次のステップでは、あなたにそのセミナーを、〝主催する資格〟があるかどうかを考えていきましょう。

ここでいう資格というのは、国家資格だったり民間資格のことではありません。要するに、あなたがそのセミナーを開催するにふさわしい人物なのか？　ということです。

Bさんという男性を例に出して考えてみましょう。Bさんは子供が好きで、教職の資格も持っており、教育業界の知り合いも多数います。5人兄弟の末っ子として育ってきたBさんは、子育てに奮闘する母親の姿を見て、子育てする母親たちの応援をしたいと思うようになりました。そこで、「子育てをするママに向けた育児セミナー」を主催しようと考えます。

ここまで聞くと、強みとリソースが、とりあえずは当てはまっているように見えます。

しかし、じつは、Ｂさんはまだ独身で、子供もいないうえ、20代という情報が付け加えられるとどうでしょうか。

ターゲット層である子育て中のママたちは、同じ悩みを共有できない主催者のセミナーになかなか足を運ぼうとは思いません。セミナーの内容に期待することも難しくなります。せっかく参加するのであれば、たとえば、４人の子供を育てて、全員を有名私大に入れた経歴を持つベテランママが主催するセミナーのほうが、圧倒的に説得力があります。

主催する資格とは整合性

主催する資格とは、こういうことです。主催者であるあなたと、セミナーの内容に整合性がないと、参加者から選んでもらえないセミナーになってしまいます。

ほかにも、会社を経営したことのない女性が、社長をターゲットにしたお悩み相談セミナーを主催する、肥満体型の人がダイエットセミナーを主催する、ファッションイベントなのに、主催者の着ている服がまったくオシャレじゃない、などもそうです。

企画に必要な三原則が揃うのと、自分に主催する資格があるかないかは、また別の話。自信を持って、資格があると思えるセミナーを開催しましょう。

ちなみに、作家や芸能人など著名なゲストを呼ぶ際は、〝法人〟という資格が重視されます。著名人を呼ぶには所属事務所などを通すため、個人相手では信用性が低く、門前払いになることが多いんです。

ただし、絶対に面白いであろう企画や、ものすごい熱意、コネクションがある場合は、そうとも限らないのでチャレンジしてみる価値はあるかもしれません。

6　自覚のないことほど宝が眠っている

自分の好きやリソースを明確にした人でも、実際はまだまだ眠れる可能性を秘めています。せっかくなので、とことん自分を向き合って、その可能性を探ってみましょう。そのためのとっておきの質問が、これです。

「あなたが人から頼まれることは、どんなことですか？」

人からの頼まれ事は、人からあなたがどう見られているか

これまでの人生の中で、「そういえば、こういう頼み事をよくされるなぁ」ということを思い出してみてください。人を紹介してほしい、飲み会の出欠を取ってほしい、パソコン周りの整備をしてほしい、愚痴を聞いてほしい……などなど、色々な頼み事が思い浮かぶと思います。

それはそのまま、「周囲があなたに求めていること」なのです。あなたにこの頼み事をすれば解決してくれると周りは思っているので、それを元にしたセミナーを開催すれば、すでに潜在的なお客様もいるためすぐに売れる可能性が高いです。

では今度は、周りに目を向けるこんな質問をしてみましょう。

「人から聞いたことのある困っていること、悩み事はありますか？」

困っていることを解決することに企画のヒントあり

たとえば友達が、「ダイエットしたいけど続けられない」と言っていたとすると、これも商品の大きなヒントになります。継続させることに特化したダイエットセミナーを開催すれば、売れるかもしれません。人の悩みや課題を解決するような商品設計をすることが、売れる秘訣です。

さぁ、あなたはどんな頼み事をされますか？　またどんな悩み事を聞いてきましたか？　考えてみてください。

7　実績がなくても主催できる、その理由

セミナービジネスのメリット

ようやく、企画を考える準備まで整いました。でも、実際に行動に移すとなると、足踏みして

しまうのが人間です。なんの経験も実績もないのに、果たして成功させることができるものなのか……と、不安に思う気持ちもわかります。

しかし、セミナービジネスの大きなメリットは、〝実績が必要ない〟ことです。ご承知の通り、私も実績ゼロでビジネスを始めました。

なぜ実績がなくても大丈夫なのかというと、答えは単純です。実績のある人を講師やゲストに迎えればいいからです。たとえあなたの実績がゼロでも、実績のある講師やゲストを呼べば、そのセミナーは自動的に底上げされます。

調べてみるとわかりますが、講演をするような著名人は、講演料が決まっています。たとえばライブドアの元社長である堀江貴文さんの講演料は、1回200万円です。原則、その金額を支払うことさえできれば、講師にお招きすることは不可能ではありません。

もちろん、企画内容や日程などクリアすべき条件は多々ありますが、講演料を支払えるというだけで、招致するスタートラインに立てています。実績ゼロでも大丈夫というのはこういう理由からです。

実績のある人の力を借りる

実績のある人を講師やゲストに呼ぶだけではなく、ＪＶ（ジョイント・ベンチャー＝業務提携）をすれば、実績のある人の力を借りることもできます。1人で開催するのは難しくても、経験者をチームに引き入れることができれば、あなたのイベントは一気に、成功へと近づきます。

もちろん、著名な講師を呼ぶのも、ＪＶを募るのも、断られる可能性は大いにあります。でも、ビジョンがしっかりしていて、そのうえ熱意があれば、すんなり通ることもあったりします。私自身も本を読んで感銘を受け、ぜひこの著者を呼んでセミナーを企画したい！　と思って連絡をし、実現したことがあります。関係性がなければつくってみる働きかけをしてみましょう。

断られるのは当たり前と思って、まずは行動してみましょう。実績がゼロでも、行動力には１００％の力を入れてください。

8　主催者として必要なスキルと心得

さて、実績がゼロでも始められるセミナービジネスですが、成功するには3つのポイントがあります。

企画を成功させる3つのポイント

①コンテンツ…良い講師を呼べるかどうか、何を提供するか
②リスト…売り先があるかどうか
③コミュニケーション…セミナービジネスは人と接する仕事なので、コミュニケーション能力が低

いと厳しい
この3つを兼ね備えたうえで、さらにで主催者に必要なことは、マネジメント能力とリーダーシップです。総合プロデューサーとして取り仕切っていく能力、そのほか企画力、ライティング能力、発信力、法務の知識なども必要になっていきます。

多くのスキルが必要

セミナーにおいて、人々が興味を持つような企画を考えるのは最重要課題ですし、告知の際にライティングもします。宣伝や教材のために動画も使います。資金回収のノウハウがないと、収益に響きます。また、交渉やクレーム対応のための法務の知識も、あるのとないのとでは安心感がまるで違います。法務を適当にしたばかりに、金銭トラブル続出で大変なことに……なんていう例も実際あるので、やはり法務も勉強しておいたほうがいいです。こうして並べてみると、なかなか多くのスキルが必要だということがわかると思います。

とはいえ、これらはあくまで持っていると便利なスキル。すべて自分1人で完璧にこなす必要はありません。苦手な分野は得意な人にお願いすることもできます。ただ、知識として持っていると、セミナーの運営がぐっとやりやすくなるという面を持っています。

そしてスキル同様、セミナーを主催するにあたり、必ず心得ておいてほしいことが、この4つです。

主催者の心得

①役割の徹底

主催者の立ちふるまいは、セミナーの質を左右します。そのため、セミナー中は主催者としての役割を徹底しなければなりません。

たとえば、講師と仲が良いからといって、「○○ちゃん」なんて、いつもの呼び方をするのはＮＧ。

参加者の方々にとって講師は「お金を支払う価値のある人」です。主催者が気安く呼んで講師の権威が下がるようなことをしては絶対にしてはいけないのです。

②講師と参加者の調整役

いいセミナーができるかどうかは、講師のモチベーションが大きく関わってきます。講師のやる気が低ければ、当然セミナーの質も落ちます。ということは、講師のやる気が高ければ高いほど、セミナーの成功率もグッと上がるのです。そのやる気を上げるのが、ほかでもない主催者。

講師が何を求めているのか、どんな悩みを持っているかを逐一ヒアリングし、それが実現できるかどうかを講師と一緒に模索していきます。

参加者に対しても同様です。お金を払ってきてくださる方々が、あなたのセミナーに何を求めているのかを敏感に察知しなければなりません。講師が楽しく仕事ができるように気を配り、また参加者が来てよかったと思えるように、調整し続けましょう。

③おもてなしの心

私は前職はバーテンダーとして働いていました。そう言うと、大抵の人は「今とは180度違う仕事だね」と驚きますが、実はそんなことはありません。セミナー主催者と飲食業の本質は同じです。どちらもお客様にお金を払って満足して帰ってもらうのが仕事。

セミナーの主催者は、いってみればサービス業なのです。なので、お客様の心を掴むための、〝おもてなしの心〟は絶対不可欠。いつ何時も、お客様への気遣いを欠かしてはいけません。

④ライブ

セミナーやイベントは、ライブやコンサートと一緒です。講師というアーティストを見るために、参加者が集まります。そこでの出会いや学びは、その瞬間しか楽しむことができません。まさに一期一会。「失敗したから、やり直し！」というわけにはいかないんです。だからこそ、緊張感が生まれますし、特別な勢いが生まれます。

そして、そのライブをいかに最高なものにするかが、主催者です。ライブでも、アーティストだけが盛り上がっていてお客様がシーン……となっていたら、楽しくないですよね。その逆もそう。主催者はその場にいる人みんなを盛り上げて、ライブをつくり上げる役割も担っています。イベントの幕が上がったから仕事は終わり、なんてことにはならないように。

これらのスキルと心得は、主催者のベースに常にあるものです。忘れないようにしてください。

９　今すぐ始めたい、主催の準備

主催者ビジネスを始める際に、用意しておきたいものがいくつかあります。
最初に揃えてほしいのが、こちらです。

①名刺
②プロフィール写真
③ブログ、各種ＳＮＳアカウント
④決済用のカードや銀行口座など

名刺から順番に説明していきましょう。

①名刺

極端な話、名刺さえあれば、今日からすぐにセミナー主催者だと名乗ることができます。それを持って、交流会やイベントに参加し、いろんな人に配ることで、あなたが主催者であることが周りにも認知されるようになるのです。人と会うことが仕事のようなものなので、名刺はすぐに用意しましょう。

セミナー主催者の場合、名刺を配ることがそのまま、集客や宣伝へと繋がります。そのため、普通の名刺では印象に残らないので、工夫をこらしましょう。名刺は唯一、嫌がられない営業ツールです。自分の主催しているセミナーやイベントの告知や取り扱っている商品紹介などを名刺の裏側に記載するといいです。またテーマカラーを決めて、名刺、ブログ、SNSなどすべてのツールに使うと統一性がとれます。

できれば、顔写真を入れてください。顔写真入りの名刺は捨てられにくいですし、顔を覚えてもらえます。名前と一緒に自分の顔も売って、どんどん認知度を広げていきましょう。

②プロフィール写真

名刺に顔写真を入れましょうと言いましたが、できればプロに撮影してもらった写真が好ましいです。自分で撮影したものだと、アマチュアっぽさが出てしまい、ビジネスの信頼性が薄まります。ヘアセット、メイク、撮影もすべてやってくれるスタジオが、ネットで検索するといくらでも出てきます。プロカメラマンに依頼する場合、撮影価格はまちまちですが、2万円~5万円くらいが目安です。これ以上高くするメリットは特にないですし、かといって数千円レベルだと、仕上がりが不安です。しっかりとしたカメラマンに撮影してもらうと、驚くほど自分が「デキる人」に見えます。モチベーションも上がっていくので、ぜひ「デキる自分」を1枚用意してみてください。

③ブログ、各種SNSアカウント

セミナーやイベントの情報を発信するために、必要なのがブログとSNSです。すでにお持ちの方がほとんどだと思いますが、顔写真は入っているでしょうか？　この顔写真は名刺に使っている写真と統一するとよいです。その理由は名刺交換したあとで、探してもらえやすい、覚えてもらえるからです。

また、きちんとプロフィールをつくっていますか？　いい加減なプロフィールだといい加減な人に見られてしまう可能性もあります。最低限どんなことをやっている人なのか伝わるプロフィールをつくりましょう。プロフィールづくりのキモは後述します。

そして、これまで投稿してきたことを見直すこともお忘れなく。10年以上使っているアカウントとなると、過去にどんな投稿をしたかも覚えてないと思うので、下手に掘り起こされると、ブランディングに影響が出る可能性があります。

とはいえ、すでにたくさんのお友達と繋がっているアカウントであれば、集客のためにもそれを使ったほうがいいという考え方もあります。ケースバイケースです。

④起業の準備

月に数万円を稼ぐ程度ならすぐにできますが、私はぜひビジネスとして収益が出るようになってほしいと思っています。

そのためには、起業の準備が必要です。個人事業主としての開業届や、法人登記など。やり方はネットで検索するといくらでも出てくるので、調べてみましょう。

⑤決済用のカードや銀行口座など

最後に、最も重要なのが、この決済用のカードやインターネットバンク口座の開設です。前述した税務署への開業届や、謄本が必要になります。インターネットバンキングの利点は、すぐに入金確認ができるところです。持っていない人はすぐ開設手続をしてください。カード決済も審査に時間を要するため、また審査にはＨＰが必要な場合もあるので早めに準備しましょう。

なぜ早め早めの準備を勧めるかというと、近年、オレオレ詐欺が頻発していることにより、口座開設にかなりの時間を要するようになってしまったためです。口座開設が満足にできていないままセミナーを開催すると、申し込みが始まったときに入金先がないというトラブルが発生してしまいます。

以上が、主催者になるための準備です。基本的にはこれだけあれば、問題なく進められるとは思いますが、補足として次のツールもご紹介しておきます。あると便利というものです。

・ｅＦＡＸ

ＦＡＸの送受信が、メールとアプリでできるサービスです。特に高齢者層はＦＡＸで申し込みをすることも多いので、導入しておくと便利です。クレジットカードで決済、番号を選ぶことができ、月額１０００円～利用できます。

実際にイベントを開催してみるとわかりますが、事務手続はミスやトラブルが発生しやすいです。たくさん経験を積んでも、新たなトラブルに見舞われることはよくあります。そのため、準備できる部分はしっかりしておいてくださいね。

10　成功するセミナー・イベントの秘訣はプロフィールにあった！

イベント開催にあたり、主催者には自分のプロフィールをつくる仕事も待っています。

自分のプロフィールをつくるって、わくわくしませんか？　お客様にいいイメージをたくさん持ってもらえるよう、アレも入れたい、コレも入れたいな～なんて思うかもしれません。がしかし、闇雲に自分のセールスポイントを入れるのは、逆効果になってしまうんです。たとえば、こんな感じです。

プロフィール例

――大阪府に生まれ、町工場経営の両親に育てられる。

中学卒業後、すぐに父の会社に月3万円で丁稚奉公。初めて仕事はケチャップのおつかい。いちばん近いスーパーへ行き、168円のケチャップを買って帰ると、広告を握りしめた父に「お前が自転車でいける距離で一番安いのは98円だ！　だから俺は98円しかお前に払わん。それが商売だ」と怒鳴られ、衝撃の社会人デビューを果たす。

その後21歳で独立。妻と2人で洋服店を経営。順調に経営しておりましたが、23歳のある日、タイへ仕入に行っていると、事件が起こります。

お腹が痛い。

急いで病院へ連れて行ってもらい、手術して帰国も身体は不調のまま。

日本の病院に行くと「日本の医学では切らない病気だよ！」さらに日本の医者は「君の身体は50歳まで生きられればいいほうだ」という頼んでもいない余命宣告をうけました。

「もうすぐ人生の折り返しだ」びっくりした僕は、倍の速さで生きてやる！　と20代を死に物狂い働いきました。

自身の会社は店舗拡大、売上は上昇。しかし同時に借金も莫大に膨れ上がり気がつけば借金2億円。

売上はあるものの赤字になり徐々に規模縮小、次第に経営は頓挫していく。

必死に返済するも一向に減らない借金。店舗を売却し返済に充てるも、まだ借金は残ったまま。

僕にはどうすることもできなかった。

自己破産や夜逃げも考えましたが、他人に迷惑をかけるぐらいなら死んだほうがマシだ。

１人ぼっちになりましたが会社を残し少しずつ今も返済してます。

僕は今、一生懸命「笑顔」で生きています!!

元気だけが取柄で、人に元気を振りまくことも大好きです。

昔は、自分の正義を押しつけることもありましたが、すべてを失い、自身が思う安心感とみなさんの思う安心感は違うことに気が付き、相手の不安をなくせるようにお手伝いができればと思っております。――


このプロフィールを見てどう感じますか？　情報を詰め込みすぎて、結局この人が何を専門にしているのかが伝わってきません。それがどうしたの？　となり、ますます混乱してしまいます。関係ない情報を入れれば入れるほど、その人が一体どんな人なのかが見えなくなっていくのです。

上手なプロフィールのポイントは、〝イベントに即した内容のみに集約する〟ということ。たとえば私の場合、セミナー主催者としてはこんなプロフィールを使っています。

――１９８０年 愛知県生まれ セミナーやイベントの企画から制作、運営までを行うセミナーイベントプロデューサー。アッパー層をターゲットとした会員制飲食店を展開する企業の取締役を経て、26歳で独立。3000万円の初期投資をかけ、銀座にバーを出店。同時にセミナーや講演会、パーティーなどのプロデュースを始め、現在までに自身が企画運営したイベントは1000本以上。教育機関、団体、企業などのセミナーやイベントの開催協力、講演、雑誌・ラジオ・ポッドキャストなどへの出演実績などを持ち、著書に「初めて会う人でも大丈夫！誰とでもすぐに仲良くなる技術」(すばる舎)、「誰にでもできる交流会・勉強会の主催者になって稼ぐ法」(同文館出版)などがある。現在は企業の売上拡大や顧客獲得・フォローアップを目的としたセミナーやイベントプロデュースの他、講座運営、コンサルティングなどを行う。——

セミナービジネスにどう携わってきたか、どんな実績を残してきたのかだけを書いています。参加者に、「この人は、セミナーに関連することをたくさんしてきたんだ」という、安心感を持ってほしいからです。

手前味噌で恐縮ですが、私はバーを経営していた頃、カクテルのコンペで優勝したことがあります。この話をすると大抵の人は「すごいね！」と興味を持ってくれますが、その経歴は、セミナービジネスに何ら関係ないので、プロフィールには入れません。

主催者のプロフィールも、企画の軸を安定させる大事な要素だということをお忘れなく。

第2章

セミナービジネスの仕組み

11　美味しいセミナービジネスのカラクリ

どうやって質のいい高高価の収益商品をつくって売るか

第1章では、セミナービジネスがいかに市場規模を拡大させており、かつ新規参入がしやすいビジネスであるかをお伝えしました。

となると、次に気になるのはもちろん、「それで、一体どれくらい稼げるの?」というところではないでしょうか。というわけで、第2章ではセミナービジネスの収益の仕組み、利益を生む商品のつくり方についてお伝えしていきます。

まずセミナービジネスは、原価というものがかかりません。

たとえば、洋服を売ろうと思ったとしたら、まず、服を仕入れるお金がかかりますよね。店舗を借りるのであれば、家賃もかかりますし、内装や外装を変える場合はさらに大きな金額がかかってきます。

飲食店も同様です。お店を借りて、食材を仕入れるための費用が必要です。私が銀座にバーを出店したときは3000万円かかったという話はすでにしましたよね。

ところが、セミナービジネスは、そういった初期投資を一切かけずに始めることができます。店舗を借りる必要もないですし、仕入れるものもありません。厳密には、セミナーの会場費だけは先

払いになります
私が知るある講師の方は、年間の売上が３０００万円で、年収２０００万円。売上と収入がそんなに変わらないですよね。

では、なぜそんな高収入が可能になるのかというと、ここがセミナービジネスをする上で最も重要かつ、この後も何度も繰り返し出てくる要素なのでしっかり頭に叩き込んでください。

ずばり、〝高単価の収益商品を売っているから〟です。

セミナービジネスで稼ぐことはすなわち、「どうやって質のいい高単価の収益商品をつくって、売るか」これに尽きます。

セミナービジネスの稼ぐための流れ

収益商品のつくり方は後々詳しく説明するとして、先にセミナービジネスで稼ぐための簡単な流れをご紹介しましょう。
①ＳＮＳやブログ、ＨＰを使って、あなたという人間を認知させ、ファンを増やします。
②集客商品（フロントエンド）となるセミナーを開催して、お客様にお試しとして商品やサービスを提供します。
③さらに商品を知りたい、もっと学びたいと思った人に収益商品（バックエンド）を販売します。
ものすごく簡単に説明すると、こんな感じです。③のバックエンドが売れれば売れるほど利益率

が上がっていくという仕組みです。

セミナービジネスでは、バックエンドを連続講座やコンサルティングに設定することが多いです。連続講座のプレセミナーや、体験セミナー、説明会と位置づけて、フロントエンドという名のセミナーを開催するケースをよく目にします。

なぜ、この形式が多いのかと言うと、成約率が高いためです。

フロントセミナーに参加する人は、すでにバックエンドに興味を持っていることが前提だからです。

とはいえ、連続講座やコンサルティング以外にも、自分でプロデュースした商品や、金融商品、不動産などの場合もあります。需要があって、価格設定が正統であれば、どんなものでも売れる可能性はあります。

連続講座の場合、私は3か月30万円がベースに組み立てていきます。ということは、単純計算で、30万円のバックエンドを年間100人に売ることができたら、それだけで年商3000万円になります。

実現するためには企画から設計が必要ですが、このように収支の計算がすぐ立つのも、セミナービジネスのメリットだと言えます。

いずれにせよ、収益商品をしっかり売っていかないことには、利益は出ないということを覚えておいてください。

12　集客商品と収益商品の設計の仕方

商品設計の仕方

前項で、セミナービジネスで収益を出すには、バックエンドを売らなければいけないというお話をしました。この項では、バックエンドに連続講座を設定した場合の商品設計の仕方をお伝えしたいと思います。

前項でも説明したように、バックエンドの目的は収益なので、高額であることが多いです。30万円や50万円の連続講座にたとえ興味があるといっても、おいそれと買う人はなかなかいないです。そこでフロントエンドの出番です。

フロントエンドは、お試しセミナーのことでしたよね。バックエンドのプレセミナーや、体験講座などを受けることができます。お試しセミナーなので、１回の参加費は大体３０００円～５０００円くらいです。これくらいの価格だったら、一度くらい参加してみようかなとお客様に思わせることができます。そこから、興味を持ってもらい、バックエンドのセールスへと繋げていくのです。

皆さんは、ドモホルンリンクルという化粧品をご存知ですか？　ＣＭで有名な高級化粧品シリーズです。ドモホルンリンクルを例に、フロントエンドとバックエンドの説明をします。

ドモホルンリンクルでは、最初のお客様に無料サンプルを配っています。それがセミナービジネスでいうところの集客商品（フロントエンド）です。まずは、しっかり体験してもらい、製品の良さを知ってもらった上で、本品の購入を促します。

ドモホルンリンクルの本品は高額です。シリーズで揃えると何万円もします。それがいわばバックエンドであり、企業の収益の柱です。

つまり、集客商品と収益商品は、地続きで考えるのが基本です。ところが、これを別々に考えてしまう人が結構いたりします。

本当は収益商品を販売するにはゴールからの逆算が必要なのに、ブログに何を書こうとか、Facebookにどんな写真を載せたら目立つかとか、YouTubeにどんな動画を流そうかとか、目に見える部分にばかり力を入れてしまいがちです。

認知から収益商品が売れるまでの流れ

そうではなく、まず大事なのは収益商品をしっかりつくり込むこと。そしてどうしたら売れるかは、お客様の動線を考えてみるとよくわかります。Aさんというお客様が、私のセミナーに訪れるまでの流れを例にしてみます。
①Aさんという人が、Facebookでたまたま、安井という人物を見つけた
②安井は異業種交流会を開催しているらしい。興味があるから参加してみよう

③交流会に行ったら、そこで安井と対談していた●●さんという人のセミナーが面白そうだ。参加してみよう

④●●さんの体験セミナーはすごく勉強になった。もっと学びたいので連続講座に申し込もう

ざっとこんな感じです。「結局、お客さんの入り口はFacebookでしょ。SNS更新したほうがいいってことだよね」と思った方、いるんじゃないですか？　あくまで、今の流れはAさんというお客様から見た視点です。私たち主催者は、これとまったく逆転して考えなければいけません。

①収益商品を何にするか考える

②お客様に知ってもらうために体験セミナーをする

③体験セミナーをより多くの人に知ってもらうため、交流会を開催する

④交流会を告知するために、Facebookに投稿する

どうでしょう。主催者の視点から見ると、このような流れになっているんです。

傍目には、「Facebookを投稿している安井」という部分だけが見えていますが、実際には収益商品を買っていただくまでの道筋ができています。

見える部分だけを気にして、集客商品をいくらつくっても、利益にはつながりません。失敗する人は、見えるところだけで満足しがちです。

まずは、収益商品をしっかりつくって、そのためにどういう動線をつくっていくかを考えてみるといいでしょう。

13　収益商品とは　つくり方のポイント

収益商品にも相場がある

続いて、収益商品の具体的なつくり方・考え方を説明していきます。

まず、収益商品は高単価化することが必須です。

だからといって、いきなり100万円のコンサルティングを売ろうなんて無謀なことは止めてください。収益商品にも相場があります。相場観を外しすぎると、売りにくいので要注意です。

繰り返しになりますが、収益商品は、基本的に連続講座や、コンサルティングが売りやすいのでおすすめですが、3か月30万円が1つのベースになっています。ですので、収益商品をつくろうと思ったら、この3か月30万円の商品を1つつくるところから始めるといいでしょう。

リサーチ

では、そのつくり方ですが、やることはただ1つ。【リサーチ】です。

同じようなセミナーを開催している人や会社がどれくらいあるのかを調べ、その主催者がどんな風に、どれくらいの価格帯でつくっているのかを徹底的に調べ上げます。講師の年齢や、参加者のタイプ、場所、日程、何もかもすべてです。

パソコンが熱くなるまで、資料が何十枚も重なるまで、メモ帳が真っ黒になるまで、とにかくリサーチし続けてください。そこにオリジナリティを加えることで、あなただけのセミナーになるのです。

たとえば、私の会社の収益商品である連続講座には、こんなものがあります。

プロ主催者養成講座（３か月３２４，０００円）

大人気セミナー講師ＴＯＰ１％養成講座（６か月間６９８，０００円）

プロ主催者養成講座は、主催者になりたい人向けに2日間の集中講座の後、３か月間私が実務で培ってきたノウハウをお伝えする講座です。セールスレターのプロである、今野富康さんをゲスト講師に迎え、企画から運営までを学べる内容です。

大人気セミナー講師ＴＯＰ１％養成講座は、ビジネスパートナーであるセミナー講師育成のプロの坂田公太郎さん、集客コンサルタントの佐々妙美さんと、ともに主宰する講座で、セミナー講師になりたい人向けのノウハウを学ぶ講座です。朝11時～18時まで6か月に渡り、セミナー講師になるための基礎からしっかりお伝えしています。

開講前に満席になってしまうことも多い人気講座で、成果を出す講座生が続出しています。高額な値段でありながら、この価格でも安いと言われるような内容にしています。メール講座や動画をプレゼントしたり、講義オブザーブできる特典を用意したり、他社にはない特典をつけて差別化をはかっているから高単価化することができました。

安いと言われたらこっちのもので、そこまでお金を支払う魅力があるという意味です。

特典は工夫次第でいくらでもつくることができます。動画のプレゼントは前期の講義を収録したものなので、一切制作原価はかかっていません。また、講義のオブザーブも同じ考えで、1名増えたからと言って会場費が高くなるわけでもありません。

知恵を絞ってお客様に魅力的に見えるようなパッケージにする工夫をしています。

収益商品を高単価化する理由

さて、なぜそこまで高単価化にこだわるのかというと、収益を出すのともう1つ、業務が追いつかないという事情もあります。

主催者として独立したときに、2、3万円の商品を収益商品として売っていくのは大変です。100万円目指すなら、2万円を50人に売らないといけません。たくさんの人数を相手にするので、フォローも満足にできず、続かなくなってしまいます。

それが、30万円の商品が3人に売れたらどうでしょうか。3人を1人でケアするのは、そんなに大変ではないはずです。手厚くケアすることができます。

単価を上げて、人数を絞ろう。その代わり、いいサービスを提供しましょう、という考え方です。

高単価にしたのに、予想以上に人が集まったという場合は、人を雇えばよいです。利益率がいいから、そういうこともできますよね。

徹底的にリサーチし、他社との差別化もできた、内容もお客様にとって満足してもらえる自信がある！　というところまで来てもまだ売るのは早いです。最初にテストをします。

テスト期間中は、３か月30万円の商品を、20万円くらいで売ります。テスト価格であるということわりを入れたうえで、代わりにお客様の声をいただき、商品をブラッシュアップさせていきます。この行程を終えて、改善点をすべて反映できたら、ようやく本番価格で売り出すことができます。

収益商品のつくり方をまとめると、まずはとにかくリサーチしてください！　ということですね。主催者養成講座をすると、皆さん「こんなに調べたことないです！」と口を揃えます。脳が解けるくらいリサーチしましょう。

14　セミナー・イベント開催をしたほうがいい業種

恩恵を受けられる業種

セミナーやイベントを開催することで、恩恵を受けられる業種というものがあります。保険の営業マン、コンサルティング、美容関係、不動産関係、金融関係などがそうです。

これらの仕事に共通するのは、高額で、説明がないと売れない商品です。

もし、あなたが生命保険に入ろうと思ったら、まずは色々な保険商品を調べますよね。老後まで何年も支払いが続くことを考えると、そう簡単には契約しないはずです。不動産もそう。何千万円もする家の購入を即決できる人は、なかなかいません。

そのため、保険の営業マンや不動産の営業マンに一方的にセールスされても、「怪しい」という考えが先立って、素直に話を聞こうという気にならない人がほとんどだと思います。

だからこそ、セミナーを主催することがオススメです。知らない人から商品を売り込まれるよりも、知っている人に商品の説明をされたほうが圧倒的に安心感があります。

前述した職種の人たちは、自分から商品を売り込むよりも、自分を知ってもらうことを優先させたほうが、売上に繋りやすくなるのです。

交流会を主催して、見込み客を増やすのもいいですし、関連性のあるセミナーを主催するのもいいでしょう。

背景を知らせることで価値が伝わる

私が過去に主催したイベントの中には、こだわりの野菜を販売している農業の方がいました。無農薬で安心して食べられる野菜をつくっていましたが、その分スーパーで売っているものよりも高額で、見た目も悪い。普通に売るだけでは、お客様に商品の良さが伝えることは難しいです。

そこでセミナーです。どうやって野菜を栽培しているか、無農薬野菜がいかに体に安心かを、セミナーのほうで丁寧に説明していきます。するとセミナーが終了する頃には、この農家の野菜を注文したいという人が必ず現れるのです。

同じようなケースで、講座の生徒に木材にこだわったリフォーム会社を経営されている方がいました。その会社では、家の資材にアレルギーの少ない無垢（むく）材を使用していることが売りでした。これも実際にどんな風に使っているかを見せないことにはお客様に伝わりません。やはり、セミナーを開催してお客様に見せたほうが、売れるんです。

前述した業種以外にも、説明がないと魅力が伝わらないものが商品の場合は、セミナー開催が手っ取り早いということです。

15　自分のビジネスと、セミナー・イベントの上手い絡め方

講師の商品も売れて自分の商品も売れる

前項で、「セミナー・イベント開催をしたほうがいい業種」についてお伝えしましたが、自分のビジネスとセミナーを上手に絡める企画の条件があります。

それは、〝自分のビジネスと親和性があって、講師の商品と被らないもの〟というものです。

たとえば、あなたが、自社で製作しているコスメを販売しているとします。主催するイベントは、交流会でもセミナーでも何でもいいのですが、ベストは、やはり美容に関連したイベントです。

第1章で説明したように、企画は自分の強みやスキルに沿ったものを選ぶと、説得力が増します。美容に強い講師と、コスメを取り扱っている主催者となれば、参加者も興味津々になるはずです。

ただし、気をつけなければならないのは、講師がコスメを販売しているケースです。売りたい商品があなたと一緒だと、セミナーを開催した意味がなくなってしまいます。理想は、講師の商品も売れて、自分の商品も売れることです。

バックエンドが親和性があり、バッティングしないとよい

なので、この場合ですと、講師が売りたいものがコスメ以外であることが理想です。ストレッチ器具や、美顔器などであれば、親和性はありますがバッティングはしませんよね。

セミナー中は、講師に美容のコンテンツを話してもらい、会場内にあなたが売りたい商品のお試しコーナーを置くなどの仕掛けをつくってみるのもいいと思います。自分の商品のパンフレットなどを参加者にお渡しするのも忘れてはいけません。

せっかくセミナーを開催するのであれば、いかに自分のビジネスと関連づけられるかがポイントです。売り込むのではなく、認知してもらう場と考えると、企画づくりのヒントになります。

16　誰を相手にセミナーする？

前項で、セミナービジネスを始めたほうがいい人の職業と、その理由について説明しました。続いては、ビジネスをする相手について、お話をしたいと思います。

セミナービジネスでは、個人向けにセミナーを開催するか、法人に対してセミナーや研修を開催するパターンがあります。

前項で、セミナービジネスの課題の1つに、資金回収があると言いましたが、言うまでもなく、個人向けは資金回収のハードルがやや上がります。個人が相手なので、1人ひとりにアテンドしなければなりません。しかし、法人に対してセミナーや研修を開催することに比べて自由度が高いというメリットがあります。

コンテンツは参加者が満足してくれることが第一なので、喜んでくれるようなことを自分のやりたいようにつくり上げることができます。くだけた格好良さが求められる傾向があり、みんなが憧れるような人が、人気になったりしますね。

法人向けセミナーに必要な要素

一方、法人に対してセミナーや研修を開催する場合、契約面や、支払いに関しては安心です。セミナー後、回収する面倒や手間などがないのがメリットといえます。企業でのセミナーは、スケジュールを細かく配分し、打ち合わせた内容を忠実にこなすことが求められます。

当然、身なりも企業に合わせないといけませんし、話す言葉にも気を使います。

2つのそれぞれの特徴を聞くと、自分にはどちらが得意かなんとなくわかってきませんか？

これが、自分の資質と真逆にいってしまうと、苦労します。自他共に認める自由人で、その場のアドリブ大得意みたいな人が、企業研修やりたいと言ってもうまくいかないんですよね（もしかしたらそういう人材を求めている企業があるかもしれませんが）。

私の感覚ですが、仕事が細かったり、不安症だという人は、企業研修向きかなと思います。そして、見た目が自由な人は個人向きのように感じます。

自分自身の適正を見極めることも大事ですが、主催者をやっていると、講師から「イベントをやってくれませんか」というオファーをいただくこともよくあります。すると、その講師の適正を見極める必要性もでてきます。

適正を掴むと、セースルがしやすくなるというのも付け加えておきます。

17　リストがあればなんでも売れる、リスト構築法

リストとは

ここでいうリストとは、名前とメールアドレスのことです。

この2つが揃えば、セミナーの宣伝、お誘い、アポイント、なんでもできるようになるので、主催者にとってリストは財産そのものと言えます。

私はこのリストをつくる方法として「交流会は人が集まりやすいので、リストをつくるのにオススメの方法」と講座生に教えているのですが、〝交流会に呼ぶためのリスト〟というのが、そもそ

も必要じゃないかという話です。

交流会は告知すると各方面から人が集まってきやすいので、ＳＮＳを駆使した集客でも大丈夫ではありますが、リストがあるにこしたことはありません。

類似セミナーには似たターゲットの人が集まる

ではどうやってリストを集めるのかというと、簡単なのは、自ら人が集まるコミュニティーやイベントに行くことです。

私自身、最初の交流会を開催するときには、いろんなイベントに顔を出して、そこで交流会の告知させてもらえるようにお願いしました。もとろん、勝手に告知したらひんしゅくを買います。先に主催者の方にきちんとお断りを入れなければいけません。

あとは、知り合いに協力してもらうという方法もあります。リストを持っている友達がいたら、自分のイベントをメルマガやブログで紹介してもらえるよう、お願いしてみましょう。

無償で引き受けてくれる場合もありますし、交換条件として何か提示されることもあります。あるいは広告費が必要になるケースも。お願いする人との関係性によって変わってくるところです。

とはいえ、「教えて教えて！」という姿勢だけでは、人の気持ちはなかなか動きにくいものです。与えてほしいなら、まずは自分が差し出すのが、交渉の鉄則。

なので、「メルマガを登録してくれる代わりに、特典を差し上げます」というのも常套手段です。

特典は、講座のＰＤＦでもいいですし、ＤＶＤなどの動画でもいいと思います。

私の成功事例で言いますと、過去、あるＤＶＤ教材が、過剰在庫になってしまったことがありました。捨てるにはもったいない、さてどうしようと考えたとき、リストを何万件と持っている知り合いの講師にお願いして、メルマガに広告を打たせてもらうことにしました。「送料５００円で、ＤＶＤプレゼントします」というものです。

その結果、なんと３００件もの応募がきました。一気に３００件のリストが構築できたうえ、ＤＶＤも捌くことができ、おまけに差額分の送料でちょっとした利益まで出ました。まさに、一石三鳥です。

人は得がないと動きません。それを前提に、リスト構築の方法を模索してみてください。

18　セミナービジネス起業法

決済関係の準備

収益商品のつくり方、バックエンドと自分のビジネスの上手な絡め方などをお話しました。でも、肝心なことが残っています。バックエンドが売れたときの資金回収方法。つまりは決済関係の準備です。

バックエンドを売って収益を得るためには、資金の回収をしなければなりません。

第1章で、クレジットカードや銀行口座をつくるのが今ととても大変で時間がかかるということはすでにお話しました。

そこで、この項目では、セミナービジネスを起業するうえで最も大事な決済関係について、さらに詳しく説明していきます。決済するために必要なツールがこちらです。

銀行口座

まず一番始めに取り揃えておくべきツールは、銀行口座です。

インターネット上で入出金が確認できるネットバンクを導入してください。セミナーを主催すると、記帳で入出金の確認をするのが大変な手間になるためです。

おすすめは、ジャパンネット銀行。振込があった際にメールでお知らせしてくれます。また、入出金をインターネット上で確認でき、ＶＩＳＡデビットが付帯しているため、経費管理なども非常に便利です。振込手数料が他の銀行に比べ、安いことも魅力の1つ。Ｍａｃにも対応しています。

口座引き落としサービス

次に重要なのが、口座引き落としサービスの申し込みです。

高額商品を分割で支払いたいけれど、クレジットカードを持っていない、またはクレジットカードの枠がない方のために用意しましょう。支払いの途中離脱や、回収漏れを防ぐのにも便利です。

初期費用、月額使用料がかかる代行会社もあれば、初期費用0の代行会社もあります。

ただし、これはクレジットカードもそうなのですが、無形の高額商品を取り扱う場合は審査が厳しい傾向にありますので、ご注意を。

その場合、初期費用がかかる代行会社は、比較的審査に通りやすい傾向にあるので、試してみてください。

クレジットカード

口座引き落としサービス同様、回収漏れを防ぐためにもぜひ導入しておきたいのがクレジットカードです。決済代行会社を利用しましょう。ただし、決済代行会社の選び方は慎重に行う必要があります。過去、決済代行会社が倒産したため、代金未回収になったという事例がありました。倒産する可能性が低く、安全な会社を選びましょう。

1つ用意しておきたいのがPayPalです。導入の初期費用や運営費も無料で入金サイクルも早く、カード手数料も安価です。

これらは、セミナービジネスを始めようと思ったら、真っ先に準備しましょう。

決済方法の種類が多ければ多いほど、バックエンドが売れるチャンスが生まれます。

収益をきちんと上げるためにも、決済関係は早めに、そしてできるだけ多く用意することを心がけてください。

19　低い参入障壁、でも結果を出せないのはなぜ？

集客商品と収益商品の設計の仕方、バックエンドのつくり方、自分のビジネスとの絡め方、そして、資金回収の方法。セミナービジネスの収益に関するアレコレを一気に説明しました。

ここまでわかればもうスタートしても大丈夫だと思いきや、走り出してすぐに躓く人も、結構な数でいます。

やることがわかっているのに、結果が出ないのは一体どうしてなのかというと、行動が足りていないことが考えられます。

そもそも、セミナービジネスで結果を出す方法には、大きく分けて2つあります。

1つは、費用をかけない代わりに、行動する。

もう1つは、行動を抑える代わりに投資をする。

そして、「結果が出ない」と悩んでいる人のほとんどは、費用をかけず、行動もしていないというケースが非常に多いんです。

セミナービジネスは、初期投資0でも始められますが、何もせずに楽をして稼げるビジネスというわけではありません。

ビジネスは先出しなので、行動しない限り、結果が出るわけありません。

時間（行動量）かお金を投資する

もしも、行動するのは無理というのであれば、その分、投資しましょう。手間や労働力にお金を使ってください。ブログを書くのが苦手なら、ライターを雇ったほうが効率がいいですし、断然合理的です。

現在、セミナー主催者としてビジネスをしている人たちも、作業を外注している人はたくさんいます。むしろ、ビジネスが軌道に乗ってくると、とても1人では手が回らないので、外注に頼らざるを得ないんです。お金をかけて、有名講師を呼ぶというのも、投資のやり方の1つです。

成功のために、行動するか、お金をかけるか、それとも両方ともやるのか。決めるのはあなたです。

20　成功が加速するＪＶ（ジョイントベンチャー）の組み方

ジョイントベンチャーとは

セミナービジネスは、すべて1人でこなすのはなかなか大変です。やれなくもないですが、いいイベントにすることを考えると、人手があったほうが助かるのは事実です。

そこで協力者を探すのですが、これをジョイントベンチャーといいます。セミナー主催者の場合、講師と組むこともジョイントベンチャーです。

いい講師と出会い、長期的にお仕事ができるようになることは、セミナービジネスを続けていく何よりの秘訣です。

いい講師の見極め方

その〝いい講師〟の見極め方は3つあります。1つ目は、なんといっても売れる要素のある講師です。売れる要素にはいろいろありますが、1つは外見力です。人前に立つ仕事である以上、ある程度の外見力がないといけません。パッと見て、「ステキだな」「魅力的な人だな」と思えたら最高です。

そして、信頼できる実績や、経歴を持っているかどうかも売れる要素に大きく関わります。また、発信力、クロージング力、表現力を持っているかどうかも重要な要素です。

講師選びの2つ目のポイントは、信頼できる講師であること。

国家資格、公的資格、民間資格など、対外的に見て、そのコンテンツを話す資格がないと、セミナーは開催できません。また、主催する前に、その講師が出版している本、ブログ、SNSでの発信をくまなくリサーチし、人となりを分析します。講師がセミナーを開催しているタイミングであれば実際に受講してみてください。コンテンツがしっかりしているかどうかも見ておくといいと思います。

そして3つ目のポイントは、あなたが共感できる人かどうかです。セミナー主催者は、その講師の一番のファンでなければいけません。自分が面白い！　共感できる！　この話をほかの人にも聞いてほしい！　と思えたら、企画の第一歩を踏み出せます。

いい講師との出会いは、あなたのセミナーの成功を加速させます。

講師以外の協力者たち

また、ＪＶは、講師に限りません。主催者が数名集まり、チームとして動くケースもしばしばあります。誰かと組むときは、自分の足りないものを補ってくれる相手がベストです。

簡単に言うと、男性リストをたくさん持っている人と、女性リストをたくさん持っている人が組んだら、男女ともにたくさん来てくれるイベントになりますよね。それがＪＶのメリットです。

私は、ＪＶをするときは、得意不得意を明らかにして、役割分担をはっきりさせます。組むだけ組んで、あとは各々のペースで……とすると、誰も何もやらないという大事故が起こるので、適当な分担は避けてください。

ただし、ＪＶで気をつけてほしいこともあります。お金の話です。

皆さん基本的に、成功したときの売上分配の話しかしません。赤字になったらどうするのというのも先に話し合っておくべきことです。そうしないと、赤字になるのがわかった直後から責任転嫁がはじまったりします。黒字になったときの分配法、赤字になったときの負担、それぞれ話し合うことも忘れないようにしましょう。言った言わないの口約束になると、揉め事になるので、書面で書き残しておくのがベストです。

第3章

成功するセミナー・イベント企画とは

21　どこをゴールとするか　最初に行うゴールの明確化

販売型のイベント開催

あなたは、セミナーを開催してお客様に何を与えたいのでしょうか？　そして、自分は何を得たいと思っていますか？　最終的な目的が定まっていないと、企画がブレたり、あれもこれも手をつけて、結局誰も得をしないセミナーになってしまいます。

第3章では、具体的な企画の考え方についてお伝えしていきます。

セミナーの目的は、大きく分けて3つです。モノを売る【販売型】、情報を周知させる【知識伝達型】、そしてリストづくりや、認知度アップなどの【その他目的型】です。

まず、販売型と知識伝達型がどう違うかというと、シンプルに「バックエンドを売るか・売らないか」の違いです。

たとえば、コミュニケーションを円滑にとるための体験セミナーを開催するとします。実際にコミュニケーションがうまくいかない人はどんなところで躓いているのか、体感できるようなワークも入れつつ2時間かけてセミナーを行います。これだけで終了すると【知識伝達型】のセミナーになります。

一方、セミナー終了後に、もっと円滑なコミュニケーションについて学びたいという人向けに上級者向けの連続講座（バックエンド）を売るのが【販売型】のセミナーです。

【知識伝達型】のセミナーは収益が出ないので、趣味であったり、ボランティアとして開催するのに向いています。私は、皆さんにセミナー主催者ビジネスをしていただきたいので、参加者に何かしらの価値を提供し、なおかつ、あなた自身が何かを得る【販売型】のイベントを開催してほしいと思っています。

目的型イベント

その他の目的型というのは、認知度をとにかく強化するためのプロモーション、自分の実績づくり、顧客リストづくりなどがこれに当たります。

特定の商品の認知度を広げるために、300人規模のビッグイベントを主催して、結果100万円の赤字が出たが、SNSフル活用して宣伝し、参加人数の100倍の人たちに商品を認知してもらうことに成功した……というケースがそうです。赤字ではありますが、それ以上のプロモーション効果と、大きな実績になります。

できることが幅広いので、考えるのもワクワクしてくるのではないでしょうか。しかし、だからといって「リストづくりもしたいし、セールスもしたい！」と欲張ってはいけません。目的を2つ以上組み合わせると、企画がブレて、「結局何だったの？」という失敗に繋がりやすいためです。

反対に、目的を1つに絞って開催目的をハッキリさせると「これはこういうセミナーです」と言い切れるので、参加者たちに刺さりやすい、芯の通った企画にすることができます。

繰り返しになりますが、どんな目的であっても、重要なのは、参加してくれる人たちに価値を提供することです。リターンももちろん大事ですが、それは相手に何かを与えて得られるものということを忘れないでくださいね。

22 ゴールから逆算せよ！　行動計画

さて、前項で3つの目的があることがわかりました。自分が定めた目的を達成するには、行動あるのみです。具体的な行動計画について考えてみましょう。

たとえば、販売型のセミナーを例に挙げて説明します。

あなたの目的は、円滑なコミュニケーションをとるための連続講座（3か月30万円）のバックエンドを、20人に売ることです。この目的を達成するためには、まず体験セミナー（フロントエンド）を開催する必要があります。セミナーをどのように計画すればいいのかをまとめたのがこちらの図表3です。

図表3を見てわかる通り、企画が始まった瞬間から主催者の仕事はスタートします。もたもたしていると、あっという間に開催日が来てしまうため、○日までにチラシ発注、○日までに集客スタートという風に、日付を区切って逆算しながら進めなければなりません。

〔図表3　セミナー・イベント開催の流れ〕

①具体的な日程を決めて、会場を抑えます。
☆バックエンドのスタートより2か月前くらいに設定するといいです。

②販促物となるチラシをデザイナーに依頼。
☆販促物の完成までに、1週間～1か月くらいを要します。

③告知と集客をスタート。
☆セミナーの場合は、告知と集客は遅くとも開催日の2～3か月前から始めなければいけません。

準備に要する期間は、イベントによってまちまちです。連続講座を売るためのセミナーの場合は、商品決定や講師との打ち合わせなどを含めると、最低でも8か月、1年かかることもあります。

十分に準備ができるだけの時間を考えて計画しましょう。どれだけ計画しても、直前になると何かしらバタバタすることになるので、準備にやり過ぎるということはありません。

23　企画の第1歩で重要なのは○○設定！

ペルソナとは

企画を考える際に大事なキーワードは、「誰に」「何を与えるか」。この2つです。特に重要なのが「誰に」の部分。与えるものがどんなに素晴らしくても､買うかどうかを決めるのは「誰か」です。なので先にターゲットを決めましょう。この買ってくれる「誰か」のことをビジネスではペルソナといいます。どんなビジネスでもペルソナ設定から始めるのですが、漠然とした人物像だと弱いです。

マーケティング用語のＦ1やＦ２という言葉を聞いたことがありませんか？　ターゲットとなる顧客を、年齢と性別で区分けして表した言葉で、たとえば私の場合は37歳の女性なのでＦ２になります。

しかし、Ｆ２層と一括りにまとめても、その中身は1人ひとり違いますよね。ボーイッシュでシンプルな持ち物を好むＦ２層もいれば、フェミニンでガーリーな持ち物を好むＦ２層もいます。「37歳女性」というペルソナは机上の空論でしかないのです。

なので、ペルソナ設定は、友達や知人など、実在の人物を設定して、その人の年令や性別、職業や興味などを細かく書き出しましょう。ＪＶなどでチームで動く際には、ペルソナの共有があるといいです。

ペルソナシート

具体的な対象者像を浮き彫りにするための、ペルソナシートを用意しました。これを参考に、ペルソナを設定してみましょう。

〔図表４　ペルソナシートの項目〕

氏名
性別
年齢
家族構成
性格
勤務先
役職
学歴
世帯年収
趣味
好きなブランド
外食頻度
ファッションにかける金額
美容・健康にかける金額
行ってみたい旅行先
１年以内にしたいこと
よく見る雑誌やTV
あなたの業界で月いくら使うか
あなたの業界に対する不満や疑問
過去に買った他社商品
意思決定者は誰か？
いくらまでなら自分に決済権があるか？

把握できない部分は、想像で記入してみましょう。ペルソナ設定を考える場合は、人物像をここまで詳しく書き出していきます。

実在の人物のほか、過去の自分をペルソナ設定にするという方法もあります。○歳の頃の自分はどんなことに興味を持っていて、どんな課題や悩みを持っていたのかを思い出してみましょう。過去の自分の課題というのは、今そのことに悩んでいる人に対して、売り物になるんです。

皆さんにもこのワークに取り組んでもらいます。過去の自分をペルソナ設定にして、思いつく限りのプロフィールを書き出してみましょう。

自分が悩んでいることは、大抵今の誰かの悩みです。

24 講師やゲストの強みを引き出し、成功させるには？

セミナーに呼ぶ講師を探すのは、主催者の重要な仕事の1つです。

基本的に、セミナーのコンテンツを考えるのは講師の役割ですが、それより前に、講師がどんな強みを持っているのか、今ならどんな話ができるのかを引き出してあげるのは主催者の役割です。

この、第1段階のヒアリングは、超重要課題だと肝に銘じてください。

なぜなら、主催するだけでは、決まった金額しか収益になりません。しかし、講師の強みを引き出して、高単価のバックエンドを生み出すことができれば、それが売れれば売れるほど主催者への報酬も高くなっていきます。主催者ビジネスを成功するカギはここにあるといっても過言ではないのです。

悩みや課題を引き出す問いかけ方

コツは講師が今抱えている課題を聞き出すことです。ですが単純に「何に困っていますか？」と聞いてもなかなか答えは出ません。そこで、聞き方をこんな風に変えてみてください。

「○○さんは、仕事も順調で、セミナーにもたくさん呼ばれていますし、何も困ってなさそうでいいですよね～」

こう聞くと、ほとんどの人が、

「いやいや、そんなことないです。今だってこんな悩みがあって……」

という風に、謙遜混じりに本音を漏らします。

その悩みをすかさず汲み取って、

「それを解決するための新企画を開催しましょう！」

「その苦手な部分を私が担当しますよ」

と伝えます。このやり方が本当によく使えるんです。

悩みや課題にはビジネスのチャンスが眠っています。セミナーを企画するときのテーマ設定にも役立ちますし、講師とのＪＶのときの役割分担にも活かせますので、しっかり聞き出しましょう。

実例紹介

過去、マーケティングを教えるその講師に、上記の質問をしてみました。すると彼から、「マーケティングの力を利用し、質の低いコンテンツでも売れるケースを見るようになった。業界全体の評判を落とさないためにも、どこかで教育しなければ…」という不安と課題が浮かび上がってきたのです。そこで、上質なセミナーコンテンツをつくる企画を提案したところ、すんなり通ったなんてことがありました。講師の課題は、企画になると覚えておきましょう。

ただ、注意点もあります。企画としては筋が通っているかもしれないけど、自分はどうしてもその課題に納得・共感ができないという場合、その企画は止めましょう。

最終的に主催者は、その講師のセミナーを売り出していく営業マンにもなります。共感できない商品は、いくら売ろうとしても売れないのです。

講師の発言に矛盾を感じたら、潔く止める。これは鉄則です。

25 こんなセミナー/イベント企画は失敗する!

成功する企画

成功する企画は、「誰に」「何を」が明確です。

ということはつまり、「誰に」「何を」が決まっていないセミナーやイベントは失敗するということとです。これはまず大前提として覚えておきましょう。

ほかにどんなセミナーが失敗するかというと、企画主旨が定まっていないものです。ゴールが見えないセミナーは、人を不安にさせます。何にお金を払っているかがわからないからです。「参加者にどんな未来を与えたいのか？」を明確に答えられない企画は、失敗する可能性がかなり高いので、再度企画を練り直す必要アリです。

責任の明確化

そしてもう1つ、「運営チームの人数が多いイベント」というのも失敗しがちな例です。

運営する人数が多いと、みんなが慢心してしまい、「あの人もいるし、あの人もいるから大丈夫だろう」と思うようになります。全員が安心しきった結果、誰もろくに集客していなかったなんてことが本当によくあります。

チームを組むにしても、できれば少数精鋭で。かつ、責任感の強いタイプの人たちを選抜することをオススメします。

少数精鋭にすることで決断スピードが速まります。人数が多いことで意思決定の会議の時間が増え、意見が出すぎてまとまらないということもありえます。

私の場合、多くてもコアメンバーは3人で構成しています。講師、主催者とあとはその時々で必要な要素は変わりますが、集客担当や、クロージング担当です。

26　売れる企画、売れない企画

失敗するセミナーの特徴

前の項目では、失敗するセミナーの特徴をお伝えしました。

今度は、売れる企画と売れない企画の考え方です。皆さんはどんな企画なら売れると思いますか？面白い企画？　それとも特典が多い企画？

どちらも不正解です。面白くて特典が多い企画はたしかに魅力的ですが、そうではないのです。

正解は、買ってくれる人がいることから企画しましょうということです。

企画する際に、このセミナーやイベントだったら○○さんの悩みを解決できるな、と思い浮かぶ人がいない企画は売れません。

「緊急度」「希少性」「限定性」の高い企画

次に「緊急度」「希少性」「限定性」の高い企画です。

今すぐに解決したい課題があるという人は、「緊急度」の高い企画を求めていますよね。たとえば、短期間のダイエットセミナーなどがそれに当たります。

そして、ほかにはない「希少性」も、人の購買意欲を高めます。水は水でも体に良くて、なおかつ不純物が一切入っていない、貴重な天然水なんてものがあったら、水の希少性を求める人に刺さるはずです。

そして「限定性」は説明するまでもないですね。「限定○人のみ、参加費30％ＯＦＦ！」という文言に、人は惹かれるんです。

売れる企画の３条件を紹介しましたが、もちろん価格設定も大いに関わってきます。たとえば、同じ距離にスーパーと自動販売機があるとしますよね。自動販売機では１００円でお茶を売っていますが、スーパーに行けば同じ商品を90円で買うことができます。ほぼ全員がスーパーでお茶を買うはずです。

同様に、お客様から見て、似たような内容のセミナーがあれば、価格が安いほうに引っ張られることもあります。

自分が開催する種類のセミナーが、どのくらいの相場観なのかは、しっかり確認してくださいね。

27　まずは○○と○○をおさえよ！　企画の手順

日程と場所の決定

さて、企画が決定したら、まずやるべき行動が何だかわかりますか？「ゴールから逆算せよ！行動計画」の項目で、チラッと触れたのですが覚えているでしょうか。

正解は、日程と場所の決定です。

なぜ、この2つを最初に決めるかというと、日程と場所が決まれば集客ができるからです。「○月○日、○○でイベントやるから空けといてね」と、声をかけることができますよ。

「集客して、決定した人数を収容できる場所を探したほうがいいのでは？」

という質問を受けることがあります。ですがそうすると、場所を抑えることがすごく難しくなります。特に都内ですと、立地が良く、人気のセミナールームは、常に先の先まで予約が埋まっています。人数が決まってから予約……ということは、できないと思ってください。

こんな風に、最初に日程と会場を抑える理由は、色々あります。ですが、なんといっても後に引けない状況をつくるという意味では、この2つを決定することが最も効果的です。

日程と場所をおさえて、自分にプレッシャーを与えるくらいのつもりでいてください。

28 成功を決める、会場選び7つのポイント

私はクライアントから依頼を受けて、セミナー開催する場所の下見に行くことがしばしばあります。そこでこんな出来事がありました。

セミナーの内容は、女性に向けたアロマ体験イベントだったのですが、クライアントに指定された場所に行くと、そこは新宿2丁目のゲイタウンのすぐ隣。現地に行くまでにきらびやかなネオン

〔図表５　会場選び７つのポイント〕

①主旨にあった場所であること
たとえば、女性向けセミナーをするのに、上野や浅草など、下町色の濃い町は避けるのがベター。イメージを考えると、銀座や丸の内などが無難です。

②アクセスがよくてわかりやすい会場であること
現地まで駅から徒歩 15 分以上で、入り組んだ住宅街の中を通らなければならないなど、わかりにくい場所は避けたほうがいいです。当日主催者の携帯が鳴り止まなくて大変なことになります。

③必ず下見をする
リノベーション系のビルだと、写真よりも汚いケースがあるので下見は必須です。

④属性に合わせた会場選び
富裕層向けのセミナーなのに、安っぽい会議室は、イメージと合っていません。

⑤道のりに気をつける
道中に変なスポットはないか、繁華街過ぎたり、暗い道過ぎることはないかを確認しましょう。

⑥トイレ問題
場所によっては男女共有のトイレだったり、数が極端に少ない、あるいは一旦外に出ないといけなかったりすることもあります。特に女性向けイベントでは綺麗なトイレかどうかは絶対確認です。

⑦懇親会への導線
セミナー後に懇親会をするならば、店との距離は徒歩２分以内であることが望ましいです。

街を通り抜けなければいけませんでした。

せっかくアロマで癒されに来たのに、行き帰りに日本屈指の繁華街の中を歩かせるわけにはいきません。セミナーのイメージに合っていないからです。

このように、開催場所は、セミナーの企画に沿って決めなければいけません。会場選びのポイントは下記の7つです。

大抵の人は、最初にネットで会場を探すと思いますが、なかなかいい場所を見つけるのは難しいかもしれません。地名＋セミナールーム、イベントスペースなど、文言を変えながら根気よく探してみてください。

29 小さく始めて大きく育てる主催の仕方（注意点！ 最初からビッグイベントはダメ！）

スタートは小規模で

前項で会場選びのポイントについてお話しましたが、念のためもう1つ付け加えると、はじめての会場で大会場を抑えるのは、いささかハードルが高いです。いきなり数百人規模のイベントを

〔図表６　主催の仕方〕

①定期的に売っていきたいメインのセミナー（あなたが何者かを認知させる）半年に１回

②交流会やランチ会など参加ハードルが低いもの（願望が明確でない人が繋がるため）２～３か月に１回

③ビッグイベント（儲からないけど実績最強の大型イベント）２年に１回

開催しようと考える人はいないと思いますが、念のため。

セミナーを開催するなら、まずは10人前後の小規模のイベントからスタートさせましょう。

1度開催したら、フィードバックしてセミナーの問題点を探します。そして次のイベントではそこを改善し、また新たな課題を見つけて修正していくということをこなしていくのです。

小規模のセミナーを開催できるノウハウがしっかり身につけば、大規模なイベントもこなせるようになります。

それをふまえて、私は主催者養成講座の生徒に、いつも3つのイベントをやりましょうとお伝えしています。

私は10年間、基本的にこの3つを繰り返

しながらやってきました。

1つ目のメインのセミナーは、自分が売っていきたいものを売るための、いわば本命のセミナーです。2つ目は、リスト構築のための交流会や勉強会、ランチ会などです。ここで出会う人々は本命のセミナーに来ていただける見込み客でもあります。そして3つ目にビッグイベントです。正直、利益はあまり出ません。むしろ赤字です。ですが、実績づくりになります。

小さなイベントから、段々と大きなイベントを育てていくことは、セミナー主催者の戦略でもあります。

30 セミナー・イベントを成功させる「交渉術」とは

売上の配分

主催者になると、交渉する機会が必然的に増えます。

講師とのギャラの取り分について、会場のオーナーとの交渉、協力者との交渉、メルマガでバーターを頼む際の交渉など、様々です。これらの交渉事を、スムーズにこなすことができれば、セミナーの準備がぐっと楽になります。

お金の話は後回しにせず、先にクリアさせましょう。セミナーが終わってから「売上の配分がよくないのではないか」といったトラブルにならないためにも、覚書や念書を取り交わすのがおすす

〔図表７　レベニューシェアの配分割合例〕

・フロントエンド…
集客が主催者負担になる場合が多いため、割合は高く交渉する。
（参考割合）主催者 60 ～ 100%、
　　　　　　講　師　0 ～ 40%

・バックエンド…
コンサルティングなどは講師の労働量が多くなるため、主催者の取り分は低くなるのが一般的。
（参考割合）主催者 20 ～ 50%、
　　　　　　講　師 50 ～ 80%

めです。

特に、主催者は講師と組んでセミナーを開催することが多いので、売上をどう配分するかが重要です。売上によって変動させる場合は、図表7が一般的な割合です。

あくまでこれは一例です。

たとえば、ビジネス書を出版したばかりの著者を講師に呼んだ場合、本の宣伝にもなるため、フロントエンドは主催者に10割渡すというケースもあります。その代わり、集客して本が売れるようにしてね、という感じです。

また、社会性の高いイベントだったりすると、わりと安価で講師を呼べたりします。利益よりも、社会貢献がメインなので、利益は重視しないという考え方です。

講師のほか、カメラマン、司会者、動画

撮影などを頼む場合にも交渉が必要です。

お互いが気持ちよく仕事ができるよう、支払いはキッチリしましょう。

会場オーナーの裏話

過去、私は飲食店の経営者をしながら交流会をしていました。それだからこそわかるのですが、飲食店にはお客様があまり入らない時間というのが存在します。

例えば、私が経営していたバーという業態は、お客様が食事をしてから来店されるため、19時～21時頃は暇な時間帯です。その時間の活用とリスト集め、ということで異業種交流会を始めましたが、逆に言うと他の飲食店オーナーも同じような悩みを抱えているということです。

その時間を貸し切りなどで稼動してくれる人がいたら、少々条件は悪くても貸すでしょう。

実際、地方で交流会を定期的に開催していたときも、まずお店の暇な時間帯や曜日を聞き、そのときを使わせてもらっていたため、かなりの好条件でした。

また、今ではセミナールームの運営をしていますが、やはり予約が入りやすい曜日、入りにくい曜日というのは存在します。

オープンしてまだ間もないこともあり、平日の稼働率を伸ばすのが目下の課題となっています。交渉するときは、相手にとって課題が解決される、メリットがある提案をしていくとスムーズに進むことが多々あります。話をする中でそれらを聞き出してみてくださいね。

第4章

満席御礼！
セミナー・イベントを
成功させる
集客方法

31　集客力とは○○力である

集客に苦戦する人

せっかくセミナーを開催するのであれば、たくさんの人に来てほしいと思うのが、主催者の本音です。しかし、集客はセミナービジネスを始めた人が必ず躓く鬼門でもあります。

私のコンサルティングを受けに来られる方でも、「集客がうまくいかない」という相談は頻繁に寄せられます。本書を読んでいる読者の中にも、今まさに、集客に悩んでいるという人もいるかもしれません。

そういう方の頭の中には、恐らく「セミナービジネス＝集客に苦労する」という図式ができてしまっているのだと思います。交流会に積極的に参加して宣伝したり、毎日ＳＮＳを更新したり、電話でアポイントを取ったり、メルマガを書いたり……。少し書き出しただけでも、やることは盛りだくさん。

その通り、セミナービジネスにおいて集客は非常に重要です。ですが、集客に苦戦する人に限って、ＳＮＳをどうアップすればいいか、ブログに何を書けばいいかを必死に考えています。ところが、そのやり方では、いくら待っても人は集まりません。

集客力とは企画力である

集客の課題は、人の集め方ではありません。スバリ、大事なのは〃企画力〃です。繰り返しお伝えしたように、大事なのは、「誰に」「何の」セミナーをするのか？　これに尽きます。言ってしまえば、いい講師が登壇し、なおかつ適正な価格であれば、自然と人は集まるんです。たとえば、ソフトバンクの孫正義さんが、自身の成功哲学を教える少人数制のセミナーを開いたとします。

普段、自社の講演会以外、絶対に登壇しない孫さんの話を、目の前でじっくり聞けて、質疑応答もできる機会があったとしたら……。1時間数万円でも参加したいという人はいるはずです。申し込み開始から、ものの数10秒で満席になってしまうかもしれません。

このように、しっかりとした企画さえあれば、自然と集客に繋がるのですが、多くの人は、集客＝告知ツールを駆使することと変換してしまっています。これでは、いくら頑張っても無駄になってしまいます。それはなんとしてでも避けなければなりません。

企画の章で学んだことを、ここでもう1度思い出してみてください。

リサーチを重ねた上で対象者を絞り込み、差別化を図ることが大事だとお伝えしましたよね。

リサーチして差別化を図る

ほかでも開催されているセミナーやイベントを同じような価格で、同じようなターゲットを対象に、同じような内容をしていては、二番煎じに過ぎません。先にセミナーを開いた主催者に勝つのは難しいです。

対象者をしっかりと絞り込み、「誰」に「何」を売るのか。そして緊急性、希少性、限定性です。いつも聞ける、そんなに急がなくていいとなると、優先順位が低くなり、参加する理由として弱くなっていきます。

集客に難航しているなら、見直すべきは企画です。自信の持てる企画であるか、常に自分に問い続けましょう。

32　集客数は告知数に比例する

告知をみていない！

「人が集まる企画」が決まったら、日程と場所を確定させ、いよいよ集客のスタートです。

ですがその前に、1つ質問です。

セミナーに来なかった人に対して「どうして来なかったのか?」という質問をした際に、最も多い回答は何だと思いますか?

……正解は、「知らなかった」です。

どれだけ素晴らしい内容のイベントを企画しても、そもそも開催することを知らなかったから、参加しようにもできませんよね。

ところが、あなたが思っているほど、人は告知を見ていないんです！　これはもう本当に、全然見ていません（笑）。

まずはそのことを強く理解しておく必要があります。

集客を数値化する

テレマーケティング会社が公開しているデータによると、アポ取得率は１〜４％。確実に10人を呼びたいのであれば、単純計算で２００人に告知すればいいということになります。もちろん、顧客リストがあれば、声をかける人数はもっと縮小できるはずです。

とはいえ、闇雲に２００人に告知したところで、２００人全員があなたのセミナーに対し、まったく興味がない、そもそもペルソナ設定から大きく外れているのだとしたら、またもや無駄な努力に終わってしまいます。

ペルソナ設定の項目でもお伝えしましたが、セールスでは「誰に」が重要です。あなたのイチオシのイベントを、本当に必要としている「誰か」に勧めて、はじめて告知したと言えるわけです。

集客できるまで繰り返し告知する

ここまで聞いて、どうでしょう。「そういうことなら、とにかく告知をしまくって、より多くの人にイベントを認知してもらうぞ！」という気がしてきたのではないでしょうか？　ぜひ、そう思ってもらえたらいいのですが、残念ながらいざ集客になると、驚くほど多くの人が消極的になってしまう傾向にあります。

コンサルティングを受けに来られた方に聞くと集客のためにしている施策が、「Facebookで3回ほどシェアしました。ブログにも書きました」「あとは？」「やっていません……」というケースを山ほど見てきました。

どうやら、「Facebookで毎日投稿すると、しつこいかと思って」という理由で皆さん投稿を止めてしまうようです。

たしかに、毎日同じ内容を投稿していたら、見る人たちは飽きてしまいます。だからこそ、工夫が必要。

まず先生の紹介をしたら、次の日は参加者の紹介、さらに次の日は企画を準備しているところを見せるなど、段階を追って投稿したり。セミナー当日までのストーリーを見せると、見る人に興味をもたせることができます。

また、メールも1回送ってそのまま……という人も、とても多いです。

集客は、ただ待っているだけでは効果はありません。相手からレスポンスがあった時点で「集客した」と言えます。

再度の声掛けで取りこぼしを防ぐ

私自身の経験ですが、告知メッセージを送ったものの、お返事のなかった人に再度「○月○日のイベントですけど、どうでしょう？」と、メッセージを送りました。

すると、その方から「興味があるんだけど、開始時間に間に合わなさそうで悩んでいる」とお返事が来ました。なので私は「遅刻でも全然ＯＫなのでぜひ！　●●さんにご紹介したい人もいるんですよ」とお返しし、参加者を１人増やすことに成功しました。

もしこれが、返事が来ないからとそのままにしていたら、イベントに興味のあるお客様を、１人取りこぼしてしまったことになります。ただ待っているのではなく、こちらから能動的に集客したことによる成功例です。

ＳＮＳでもメールでも、直接会いに行くでも何でもいいのです。利用できる告知方法は、ためらわずすべて使ってみましょう。

集客を成功させるかどうかは、まずはいかに露出を増やすか。そして、どれだけ能動的に動けるかにかかっています。

実際に集客０のイベントだったのが、告知の仕方を変えただけで一気に30人集まったということも珍しくありません。

あなたのイベントを必要としている「誰か」に対し、戦略的にセールスするために、次はその方法をご紹介します。

33　参加者はどこからやってくる？　自分の得意を見極める

さて、あなたはこれから、ブログ、フェイスブックなどのＳＮＳ、YouTube、メルマガ、チラシなどなど、すべての手段を使って告知活動をしていきます。

するとと、どうでしょう。Facebook からの申込みは多いのに、メルマガからの申込みは少ない、ブログでもお知らせはしているけどＰＶ数が上がらずあまり効果はなさそう……というように、ツールごとの集客の偏りを感じるようになります。

「全部、同じくらいに思えるけど……」

いえいえ、そんなことはないはずです。細かく分析すれば、ＳＮＳに投稿してからレスポンスをいただくまでの時間、ＰＶ数、いいねの数など、微妙な差が見えてくるはずです。

Facebook からの申込みは多い

なぜこの分析が大事かというと、〝お客様がどこから来ているかわからない状態〟を避ける必要があるからです。

弊社の場合、セミナーやイベントは Facebook を通じてのお申込みが最も多い傾向にあります。それは、セミナーやイベント好きなひとたちが Facebook を利用しているためです。となれば、主催者は Facebook の投稿は特に力を入れて行うべきですよね。

苦手なことは他者にお任せする

しかし、なかにはFacebookの投稿がすごく苦手、苦痛でしかないという人もいるかもしれません。

その場合は、思い切ってFacebook投稿が得意なコンサルにお任せするのも1つの手。その分、自分の得意なことに力を入れたほうが、合理的だといえます。

人によっては、オンラインでの集客をすべて外注におまかせし、その分、自分は交流会に行って、直接宣伝するという方法を取っている人もいるくらいです。

このように、参加者がどこからやってくるかを分析することは、自分のリソースをどのように割くかに深く関わることなので、ぜひやってみてください。

ただ、ここ数年で集客ツールが一気に増えたことにより、正直なところ「これを使えば間違いない」というものがないのが現状です。

だからこそ、一通りすべてのツールを使ってみて、自分の主催するセミナーやイベントのウケがいいものを探してみてください。

34　広告費0でも集客できる、インターネット活用術

うまい使い方は

前項で、無料で使える集客ツールをご紹介しましたが、今度はそれらをいかに上手く使うかのテ

クニックを伝授したいと思います。

Facebook

Facebookは視覚的な訴求力が高いツールです。なので、いい写真を選んでどんどんアップしていくのがポイント。特に掲載したいのが、

・講師や主催者の笑顔の写真
・セミナーやイベントの雰囲気が伝わる写真
・セミナーやイベントに参加すると待っている素晴らしい未来が想像できる写真

などです。このような写真があるだけで、セミナーに対するイメージがものすごく上がります。

そして記事を投稿したら、情報のシェアをお願いする一文を入れましょう。

Facebookでは、LPやHPなどのリンクを直接シェアする場合と、イベントページをつくって、その中にLPやHPのURLを貼る場合があります。

Facebookのイベントページは、「興味あり」「参加」をクリックしてもらえると、その人のお友達にも情報が伝わるようになっています。そのため、ペルソナがFacebookを多く利用している場合は、イベントページをつくって活用したほうが効率的です。

ただし注意点もあります。参加ボタンが1つも押されていないイベントだと、「人気のないイベントなんだ」というイメージを与えてしまい、参加を躊躇させてしまう原因になります。

そのため、イベントページをつくる際は、事前に参加者を何名か集めておき参加ボタンを押してもらえるようにお願いしましょう。

また、何かと便利なFacebookですが、唯一のデメリットは文字のフォントや、色や大きさが選べない点です。改行や文面を調整して、読まれやすい投稿を心がけてくださいね。

そして最後に、集客できるまで繰り返し発信し続けること。Facebookは毎日投稿したところでかかる費用は０です。いろんな発信をしてみてください。

ポータルサイト

イベントやセミナーの情報を掲載できるのがポータルサイト。掲載料は無料ですが、集客するごとに費用がかかるところや、掲載するのに掲載料がかかるところもあります。

「セミナーズ」や、「セミナー情報.COM」など、主要なポータルサイトがいくつかありますが、これらは必ず、すべてに登録するようにしてください。

登録したからといって、ポータルサイトから何十人も申し込みが来るわけではないですが、まったく知らない人にも情報を知ってもらえるのが、ポータルサイトの強みです。

セミナーやイベントの種類によって使っているうちに、ポータルサイトごとの合う・合わないが見えてくるので、使い勝手がわかってきた時点で主要なポータルサイトを絞り込むのがいいと思います。

ブログ

ブログは、画像や動画の貼り付けや埋め込みなどが自由にできます。

また、ランキングの種類が多数あるので、該当するジャンルに登録しておくと、興味のある人から見つけてもらいやすくなります。

ブログもできれば毎日更新が理想です。更新が滞ると、「あまりアクティブには活動していない人なのかもしれない」というイメージを持たれてしまい、ブログの読者が離れていくので、頑張って投稿してください。

Twitter

対象者が、「Twitterを使わない層である場合は、そこまで力を入れる必要もありませんが、どこで誰が興味を持ってくれるかはわからないので、アクティブに投稿しておいて損はありません。

講師のインタビュー動画や、参加者の声のインタビュー、前回のセミナーやイベントの様子が伝わるような動画をつくると、参加ハードルが下がることもあります。

潜在的な見込み客を見つけるために使えるツールです。

メルマガ

有料ですが、ぜひ集客ツールとして取り入れてほしいのがメルマガです。

メルマガは配信すると、比較的すぐに反応が返ってきます。なので、2～3日中に返信やお申込みがない場合は、そのメルマガの内容では刺さらなかったのだと判断します。

メルマガを送る際に気をつけることは、

①タイトル
②URLは1つだけ
③1記事に1つの情報だけ

以上が基本です。

あれもこれもとURLを入れると、本当に見てほしい情報がわかりにくくなります。

メルマガで送る内容としては、セミナー案内、講師のプロフィール、参加者はどんな人が来るのか、どんなベネフィットがあるのか、どんな課題を解決してくれるのかなどですね。

色々な切り口で記事を書いて、最後は「というわけで、このセミナーに来るといいですよ！」というセールスに繋がるような結びができるのが理想です。

メルマガは、満足できる集客数に達するまで、ずっと発信し続けてください。

受け手は、メルマガ送信者と、タイトルしか見ておらず、たまたま興味を惹かれたタイトルを開いて読んだりします。まったく関係のない記事でセミナー集客に繋がることもよくあることです。

また、相互紹介（バーター）をお願いすることで、告知する場所を増やすのも大事です。

できれば、同じくらいのメルマガ数がある人を見つけて、お互い紹介し合って集客に繋げます。

メルマガ数のバランスが取れない場合は、告知回数を増やしたり、SNSでの告知もしてもらって、お互い同等の利益が生まれるように調整してください。

35 ついつい応援したくなる人になる

第1章で、主催者に必要なスキルをいくつか紹介しましたが、もちろん、覚えてらっしゃいますよね。ここで、さらにもう1つ追加してほしいスキルがあります。それが、「応援したくなるスキル」です。

応援されたかったらまず自分が応援する

単純な話で、応援したくなるような主催者の周りには、自然と支援者が集まってきます。協力してくれる人が多いほど、イベントの成功率はグッと高まるので、自分の応援団がいてくれることは、何より心強いです。

では、どうしたら応援したくなる主催者になれるのか？　これも答えは単純です。まずは、自分が誰かを応援しましょう。

Facebookでイベントの告知をシェアしたり、進んで運営に協力したり。イベントに参加できるのであれば視察のつもりで参加するのもいいですし、行けなかったとしても差し入れをするなど、何かしらできることはあるはずです。

そうやって快く協力してくれた人に対しては、相手も「今度は自分が協力しよう」という気になってくれるものです。その協力は、そのまま集客に繋がることもあるので、侮れません。

実際に、成約率が高い主催者は、意識的に協力してもらえる体制をつくっています。というのも、新規でお客様をつくるよりも、〝友達の友達〟に連れてきてもらうほうがはるかに効率がいいからです。要するに口コミの力ですね。

横のつながりを大事にして協力し合うことも、1つの集客のやり方と言えます。

36　チラシやLPをつくるときにおさえておきたいキモ

次を読ませるには見出しが重要

主催者は、結構な頻度で文章を書く機会がやってきます。SNSの投稿もそうですし、参加者に送るメール、規約、などなど。

なかでも最も頭を悩ませるのが、チラシ、LP（ライディングページ）です。どちらも、お客様に向けて書くもので、読まれるかどうかは、読み手の一瞬の判断によって決まります。

見た瞬間に「興味ないな」「つまらなそうだな」と感じたら、その先は読まれません。なので、目に入った瞬間に「内容が気になる！」と相手に思わせなければなりません。

そのキモになるのが、〝見出し〟です。タイトル、キャッチコピーと言い換えてもいいかもしれません。とにかく、最初に目につく言葉が、読み手の心に刺さりさえすれば、そのあとに続く導入を呼んでもらえます。導入がさらに心に響いたら、本文へ……という風に、文章にも道筋があるのです。いわゆる、読んでもらうための構成です。

プロ主催者養成講座の講師、今野富康さんの伝えているＬＰの文章を作成する際の、最も基本的かつ王道の構成をご紹介します。

基本的には、この構成に沿って書けば、思い切り横道にそれた文章にはならないはずです。とにもかくにも、見出しを読んでもらえないことには始まりません。心に響く一文を考えてみましょう。

チラシ作成のポイント

チラシでは文字量が多すぎると読みにくいものになってしまうため、写真と〝見出し〟を効果的に使うことがポイントです。

１０２ページから１０５ページに私が主催する、プロ主催者養成講座とＴＯＰ１％養成講座のチラシを参考に掲載しました。講座のプログラムや内容、講師のプロフィール、参加者の声、対象者、講座で得られる効果や申込先などが、わかりやすくポイントを絞って書かれ、写真をできるだけ使っていることに気づくと思います。

このようにＬＰとチラシでは気をつけるポイントが違いますので、注意してくださいね。

〔図表8　読んでもらうための構成5つのポイント〕

①見出しで掴む

最も大事なのがこの見出し。読み手はこの見出しを読んで、その先を読み続けるかどうかを決めます。つまり、見出しで刺さらないとそのあとを読んでもらえません。なので見出しは、一番時間をかけて考えたい部分です。

②書き出しで共感を生む

書き出しとは、導入の文章です。よく使う手法が、共感されるような事例を並べるやり方。

「セミナーの企画をしたけれど、なかなか集客できない」

「セールスレターを書きたいけれど、何から書き始めればいいかわからない」

「内容には絶対の自信があるのに、お客様にそれが伝わらない」

……こういう書き出し見たことありませんか？　思わず「わかる、わかる！」と頷いてしまうような言葉を並べます。これが共感させる導入です。

③問題を提示する

導入部分で提示した問題を放置するとどうなるのか？　をここで明らかにします。問題をそのままにしたら待ち受けているのは、改善しない未来です。それを明らかにしてあげます。

④放置したらどうなるか？　をしめす

問題を放置した先に待ち受ける、望まない未来を提示して、読み手に「このままでは、マズい！」という気持ちを持ってもらいます。

⑤解決策としてセミナーを案内する

問題をもう見ないふりはできないと読み手に意識させたら、いよいよ解決策を提案します。そうです、ここではじめてセミナーの案内が出てきます。

〔図表9　チラシ例①表面〕

モヤモヤ感なしで自信を持ってセミナーを開催する方法！
プロ主催者養成講座
稼げるプロ主催者に必要な、実務的に使えるノウハウを学べる3ヶ月講座
講座内容：2日間集中講座＋3ヶ月講座
このセミナーでは、こんな内容をお伝えします。
・セミナービジネスの全体像
・8年間の実践から得られた成功事例・失敗事例
・数百回のセミナーを運営したからわかる成功法則
・100万円を超えるコンサルティングをどうやって販売するか？
・顧客リストのつくり方・増やし方
・講師の強みを引き出し、セミナーを成功させるには？
・これをやったら致命傷！セミナービジネスの典型的な失敗例
こんな方にオススメ！
・セミナーの必要性はわかるけど、積極的に開催できない方
・今もセミナーはやっているけれど、成果が出ていない方
・セミナーやイベントを通じて良い商品やサービスを販売したい方
・会社や組織でセミナーやイベントの企画を担当している方
・プロ主催者として活躍して良い情報、ノウハウ、知恵、人物を世に広めたい方
・自分自身は講師をしているけれども、主催できる人を育てたい方
・これからセミナー主催者としてビジネスをするためにノウハウを学びたい方
セミナーの主催者になるメリット
・話術もカリスマ性もいりません。
・好きな講師を呼ぶことが出来ます。
・企画から関われるので、自分が納得行く内容に仕上げられます。
・集客が自分の知名度に左右されません。
・セミナーの内容（コンテンツ）を作る手間がいりません。
・売上予測を立てやすいです。
・同じ顧客リストに再販できます。
・現在、セミナーの市場自体が大活況です。
・講師は多いのに主催者は少ないので、主催者は超売り手市場です。
・主催者という立場柄、人脈も爆発的に広がります。
講師プロフィール
安井 麻代
株式会社ダブルエム
Executive Producer
1980年 愛知県生まれ。イベントの企画から制作、運営までを行うイベントプロデューサー。アッパー層をターゲットとした会員制飲食店を展開する企業の取締役を経て、26歳で独立。3,000万円の初期投資をかけ、銀座にバーを出店。同時にセミナーや講演会、パーティなどのイベントプロデュースを始め、現在までに自身がプロデュースしたイベントは1000本以上。実践女子大、羽田空港、士業勉強会などでの講演、kenzo flower by you、中小企業新戦力発掘プロジェクトなどの開催協力、雑誌・ラジオ・ポッドキャストなどへの出演実績などを持ち、著書に『初めて会う人でも大丈夫！誰とでもすぐに仲良くなる技術』（すばる舎）、『誰にでもできる交流会・勉強会の主催者になって稼ぐ法』（同文舘出版）などがある。飲食業勤務経験と数多くの開催実績から裏付けされた、細やかで柔軟な応対力に定評がある。イベントプロデュースには、「感動創造」「ホスピタリティ」を大切に考え、心に残るイベントプロデュースを得意とする。現在はイベントプロデュースの他、イベント企画運営のコンサルティングなども行う。
今野 富康
株式会社NorthStar
セールスライター
千葉県船橋市生まれ、岐阜県岐阜市在住。岐阜を中心に活動し、東京、大阪、岐阜、名古屋、岡山にクライアントを抱える。コピーライター、マーケッター、コンサルタント、ビジネスコーチ、「お金をかけずに売上を伸ばす専門家」として中小企業や士業を中心に売り上げアップの支援を行っている。クライアントのために企画した商品は1600個以上の販売を記録。LPのCVRは8％を超える。その他、バックエンド商品の企画、開発、販売においても主導的な役割をになうクライアントの売上拡大に大きく貢献している。自分自身も、経営者としてビジネスを運営し、クライアントのビジネスについても実務を担って成果を出すスタンスから、「口だけだして、実務で成果を出せない」「リスクを負って戦う経営者の気持ちがわからないサラリーマンコンサルタント」とは一線を画する。時に交渉に立ち会い、時に現場をリードし、時にクライアントに助言をするなど、ビジネスの戦場で大将（社長）を補佐する姿から「軍師」と称されることも多い。現在は、その知見を活かして、経営者やマーケッターを対象に「下手でも売れる」戦略的コピーライティングを教えることにも力を注いでいる。
《特典》フォローアップ勉強会・セミナー運営体験・メール相談無制限！
弁護士監修法務チェックリスト・各プロフェッショナルの紹介
EVENT PRODUCE & CONSULTING
DOUBLE M, INC.

〔図表10　チラシ例①裏面〕

プロ主催者養成講座

稼げるプロ主催者に必要な、実務的に使えるノウハウを学べる3ヶ月講座

1ヶ月目：準備編	2ヶ月目：企画編	3ヶ月目：実践編
STEP1「開催目標を明確にする」 ・何のために開催するのか？ ・主催する内容の方向性と基本指針 ・ハウスルールの設定 STEP2「主催者としてのブランディング」 ・自分発見シート ・プロフィール作りの基礎 ・情報発信の基礎 STEP3「情報発信の準備」 ・webマーケティング概要 ・各SNSやブログなどの特性 ・各種プロモーションツール STEP4「主催者として取り揃えておくべきツール」 ・決済方法 ・決済会社の紹介 ・運営に必要な電話転送サービス	STEP5「誰と組むか？何を販売するか？」 ・講師の選び方と交渉ポイント ・バックエンド構築 ・バックエンドに応じたフロントセミナーの設定 STEP6「セミナー企画」 ・対象者の絞込 ・市場調査(リサーチ) ・会場の探し方から懇親会企画まで STEP7「セールスレター基礎編」 ・セールスレターの基本構成 ・ベネフィットの書き方のポイント ・ストーリーボード STEP8「セールスレター実践編」 ・陥りがちな失敗例 ・すぐに使えるイケてるヘッドライン30選 ・ブログ、メルマガの書き方	STEP9「開催に必要なツール」 ・タイムテーブルや概要書など各ツール ・運営時に必要な演出法 ・次回開催セミナーの販促物 STEP10「事例から学ぶトラブルと対処法」 ・お客様の離脱をどう防ぐか ・トラブル時の基本指針 STEP11「集客力強化」 ・検証すべきポイント ・動画活用法 ・効果のある広告 STEP12「次なるステージに向けて」 ・動画コンテンツの作成方法 ・コミュニティ形成 ・メディア戦略

受講生の声

村田弘子さん
結婚相談所「しあわせ相談倶楽部」　Financial Planner
先生の内容は主催者が自分を知ることにも直結し、深い気付きを頂きました。自分の長所短所をうまく利用して、よりユーザーの方は喜んでくださるコンテンツをお届けしていきたいです。素晴らしい先生をお仲間に恵まれ、私は幸せものです。皆様の尊敬を更に深く致しました。ありがとうございます！

山本ゆきさん
WEB看板塾フェリーチェ／音楽教室ピアチェーレ
深かった…。主催をする人とは思っていませんでした。予想外の学びでしたが、違う側面からのバックエンド構築など勉強になりました。主催するということ自体が漠然としていて主催経験がないわけではないのですが、誰かに教えてもらったわけでもなく、プロから学べるならと参加しました。

佐々木千博さん
株式会社CH.Labo 代表取締役／中小企業診断士
セミナープロデュースは自分だけでできない起業支援ができる有効な手段。講師自身を育て応援しコンサルできる、世の中をよくできる手段と認識がスケールアップしました。事業メニューにセミナープロデュース事業というのを追加しようと思います。

3時間体験プレセミナー情報は、こちらから

お申込み・お問い合わせ先

イベントプロデュース&コンサルティング
株式会社ダブルエム

〒104-0032　東京都中央区八丁堀4-9-13ニチレックビル8F　TEL:03-6231-0665
URL:http://double-m-inc.com

最新セミナー情報が得られる
メルマガ登録はこちらから

〔図表11　チラシ例②表面〕

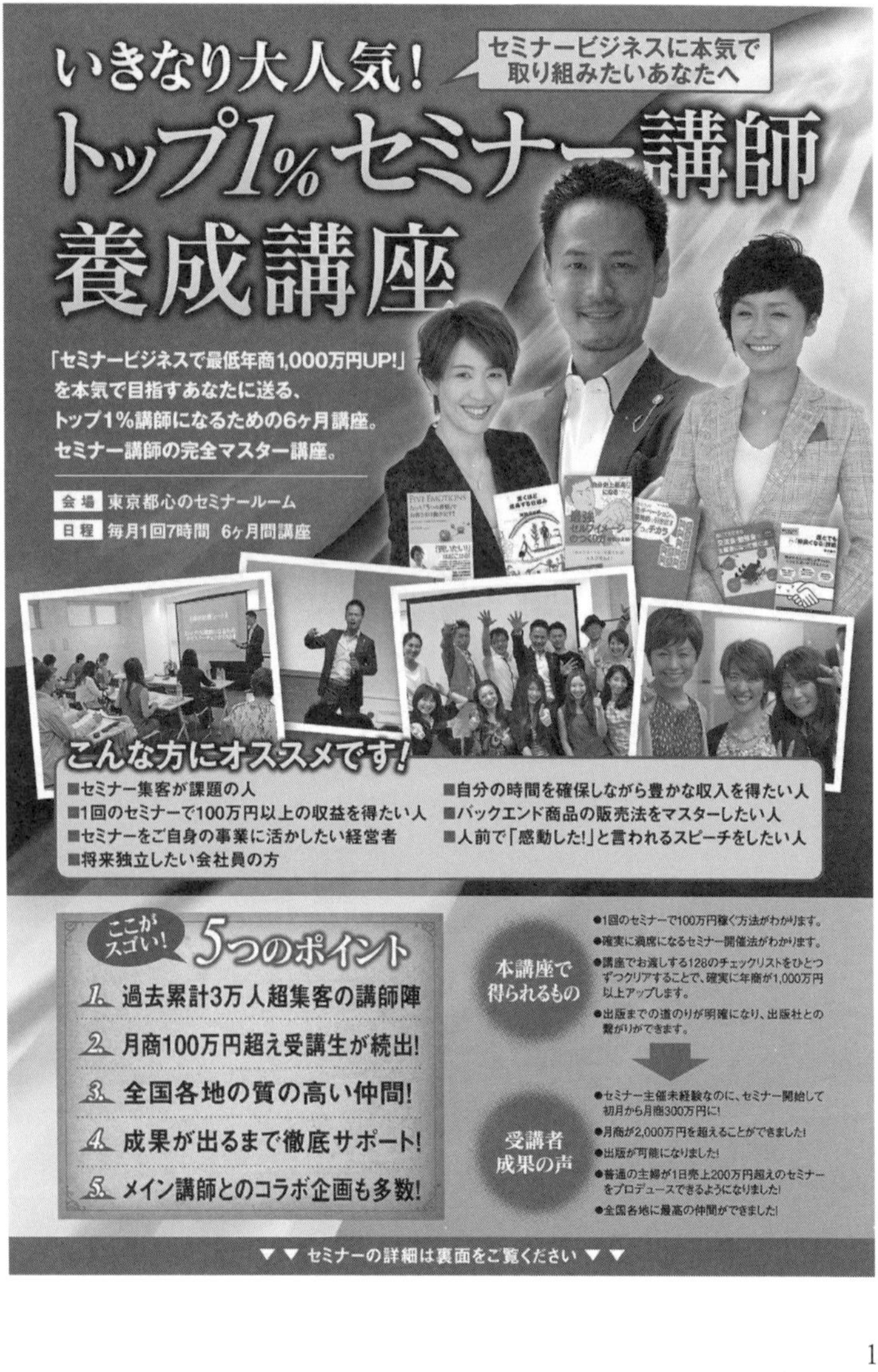

〔図表12　チラシ例②裏面〕

いきなり大人気！
トップ1%セミナー講師
養成講座
あなたがセミナーやイベントを開催する場合、本気じゃなければなりません。あなたが自分で持っている価値あるコンテンツを世の中に伝えていきたいのか、お客さまにどの程度影響を与え、どの程度変わって欲しいのかという覚悟がセミナーには問われてきます。本講座ではあなたの本気を成果に繋げる考え方やノウハウを6か月で手に入れることができます。
本講座内容
第1講義 圧倒的強みとブランドを作れ
☆講師で必要な「絶対的強み」構築法
☆あなたにとってのペルソナとは？
☆「参加しないと損する」と言うセミナーを作り上げるためには？
☆集客力抜群の肩書き、プロフィール作り方
☆なぜ、そのセミナーをやるのか？が最重要
☆超高速ブランド「最強ジョイントベンチャー」
第2講義 "儲かる文章力"養成 &超感動コンテンツ作成法
☆セミナータイトルこそ全て ／ ☆セミナー内容をどう表現？
☆会場の選定法 ／ ☆申込が入る机、イスの並べ方
☆感動セミナー設計法 ／ ☆フォローの仕方とは？
☆地方開催をどうする？ ／ ☆リピーターをどう作る？
第3講義 ネット&リアルの集客をマスターしよう！
☆Facebook、ブログには何を書くのか？ ／ ☆メルマガ活用術
☆他者に広めてもらうには？ ／ ☆「圧倒的ファン」を作り上げよう！
☆告知期間は？
☆セミナー情報サイト利用法（セミナーズ、セミナー情報.comなど）
☆満席イベントページ作製法 ／ ☆超絶セールスレターの書き方
☆動画活用法
第4講義 感動スピーチとセミナー力強化！
☆ストーリーテラーの能力を開発しよう ／ ☆心振るわすスピーチ法
☆ワーク・トークバランスを重視しよう！
☆バックエンドへの申込が入る話の流れ
☆まずは他人のバックエンドを売れ！〜その方法〜
☆スピーチ力強化の練習法
☆30万円以上のセミナーが年間100本以上売れる訳
第5講義 "セミナー錬金術"を身に付けろ！
☆4つの商品群を作れ！ ／ ☆「バックエンド商品」の作り方
☆商品開発でさらに収益UP！ ／ ☆なぜ、高い席ほど売れるのか？
☆意外に重要！決済法 ／ ☆集客倍増の特典戦略
☆収益シュミレーションをしてみよう
第6講義 総復習でトップ1%になろう！
☆セミナーとは「総合力」である ／ ☆実際の計画を立てよう
☆バックエンドを実際に売る ／ ☆出版企画を立上げよう
☆マスコミ戦略を考える ／ ☆本とセミナーの企画書を作ろう！
講師紹介
セミナー・イベント開催数1,250回以上・集客数15,000人以上のセミナー集客の達人。
定価55万円の講座を480本以上販売する。
各種著名人、ベストセラー作家、海外で活躍する日本人実業家、日本トップコンサルタント、世界で活躍するユダヤ人などのセミナーをプロデュース。
その他、雑誌執筆、テレビ出演、セミナー講師としても活動。
セミナービジネスプロデューサー
佐々妙美
佐々妙美メルマガ「集客の極意」はコチラ▶▶▶
「『自分史上最高』になる！最強セルフイメージのつくり方」（同文館出版）など、3冊の著者。セミナー講師としてデビューするや否や、セミナーが大ヒット！講師をはじめてわずか1年で本を出版。セミナーズランキングで同時期にNo.1、No.2、No.3を独占。全国各地はもちろん、ハワイでのセミナー、フジテレビとのコラボセミナー、年間1100人を超える。アンソニー・ロビンズ初来日セミナーにて登壇し、20分のスピーチで1,000万円超の売上を上げるという伝説を残す。
大人気セミナー講師養成講座・主催
坂田公太郎
坂田公太郎メールマガジン無料配信中！▶▶▶▶
セミナー・イベントの企画から制作、運営全般を手掛ける専門家。
各企業、団体のイベント開催協力、媒体などへの出演実績などを持ち、著書に『初めて会う人でも大丈夫！誰とでもすぐに仲良くなる技術』（すばる舎）、「誰にでもできる交流会・勉強会の主催者になって稼ぐ法」（同文館出版）などがある。現在はイベントプロデュースの他、イベント企画運営のコンサルティングなども行う。
セミナー・イベントプロデューサー
安井麻代
安井麻代【イベント企画運営の秘訣】メルマガ無料配信中！▶
受講生の声
大上達生さん
［Amazonビジネスの専門家］
講座に参加するまで、本格的セミナー主催の経験はありませんでした。しかし、講座の教えを忠実に実践した所、セミナーを開始した初月から300万円を超える月商をあげることができました。
中村麻里さん
［リーダーズトークマスタートレーナー］
ボイストレーナーをしていますが、講座を受けて坂田さんの話し方やトーク術に驚きました。坂田さんの話し方を実践してみたところ、わずか1日で220万の売上を上げる事ができるようになりました！
杉岡 充爾さん
［医師］
医院を経営する傍ら、セミナーを開催し、多くの人に健康意識を高めてもらいたいと思い、講座に参加しました。受講後、日本テレビ「PON！」などのマスコミ出演や、出版することが可能になりました。
杉川雅彦さん
［ローコスト起業ビジネスマインド構築スペシャリスト］
自分のセミナーで中々バックエンド商品を販売できず困っていましたが、この講座で学んで立て続けにバックエンド商品を販売することが出来ました。
最新セミナー情報は
坂田公太郎　メルマガ
検索
お申し込み・お問い合わせ
株式会社ダブルエム
[E-mail info@double-m-inc.com
〒104-0032東京都中央区八丁堀4-9-13ニチレックビル3F　TEL:03-6231-0665

37　集客できる案内文、集客できない案内文

集客できる案内文と集客できない案内文の違い

集客に使われる案内文は、その文章を読んだ人に「面白そう」「行ったらいいことがありそう」と思わせなければなりません。この案内文に漏れがあったり、おかしい部分があると、信用度が一気に下がってしまうので、かなり重要な役割を占めています。

では、集客できる案内文と、集客できない案内文は、一体何が違うのでしょうか？　両面から見てみましょう。

案内文は1度で完成！　とはいきません。何度も書き直しすることになると思います。1度書いたら、誰かに読んでもらい、納得できるまで書き直しましょう。

38　集客に1番効くのは、個別のお誘い

個別のお誘いの特徴

ここまで、ＳＮＳの使い方や、インターネット活用術などをお話してきましたが、1番集客につながりやすいのは、なんといっても個別のお誘いです。集客の効果は、

直接会っているとき∨電話∨メッセンジャーやメールの順番で、変わっていきます。

直接会っているときにお誘いするのが最も効果的なのは、その場でその人の悩みや課題を聞けるからにほかなりません。

「その悩みは、○○の講座が参考になると思うよ！」

「○○さんにぜひ紹介したい人がいるんだけど、交流会来ない？」

という風に声をかけられます。

個別メッセージのポイント

直接会うことに比べて、メッセンジャーやメールの効果はやや劣りますが、「個別に」という点を意識すれば、やはりかなりの効果が見込めます。

ところが、集客の手間をなるべく軽くするために、名前だけ変えてコピペした文章を送る人が多いです。しかも、そういうメールに限って、文章がありえないほど長い！　読む相手のことをまったく考えていないのがよくわかります。

長文メールというだけで、「あとでゆっくり読もう」と読んでもらえないばかりか、関係性が薄いと「何だこの人？」ということになりかねません。

私自身、お誘いメールはかなりシンプル、そして極めてラフです。

に告知をするだけでは、参加者に魅力的に思ってもらうのは難しいです。特典をつける、返金保証をつけるなど、オファーの仕方を色々考えていきましょう。お客様としては「お得な取引」をしたいわけなので、払うお金より受け取る価値が大きいほうがいいんです。なのでオファーは絶対に入れてくださいね。

⑤集客できる案内文は、端的な文章！
集客できない案内文は、文章が長い…

１つの文章に１つの意味。これが文章を書く際のコツです。ダラダラと書いてもテンポの悪い文章になってしまい、読む気もなくなります。できるだけ短いセンテンスにまとめるようにしましょう。

⑥集客できる案内文は、お客様視点！
集客できない案内文は、自分中心のメッセージ…

案内文で大事なのは、その内容が、読み手に何を与えるのか。これだけです。書き手の主観や主張はなるべく排除したものにしなければなりません。読み手がどうなるのか、読み手がどんなふうに変わるのか、そこだけを意識します。

⑦集客できる案内文は、ゴールに誘導している！
集客できない案内文は、「だからなに？」

「だから私にとって何のメリットがあるの？」となっては本末転倒。何も伝わっていない文章です。最終的な目標はセミナーの参加ですよね。だったら、それをはっきり書きましょう。ゴニャゴニャした誘導は読み手をイライラさせるので、気をつけてくださいね。

〔図表13　集客できる案内文と集客できない案内文の違い〕

①集客できる案内文は、見出しが強い！
　集客できない案内文は見出しが弱い…

集客できる案内文で最も重要なのが「見出し」と説明しました。

つまり、集客できていない大きな理由として考えられるのは、見出しが適切でないということです。ペルソナにマッチしていない、インパクトがない、意味がわからないなどなど。今一度見直してみましょう。

②集客できる案内文は、開催日時、所要時間、場所が明確！
　集客できない案内文は大事なことが書いてない…

初歩的ですが、これがないと致命傷です。最終確認で、間違いなく入っているか確認しましょう。

③集客できる案内文は、すぐ申し込める！
　集客できない案内文は、どうやって申し込めばいいのかわからない…

せっかく興味を持ったのに、肝心の申し込み方がわからなければ、せっかくの案内文の意味がありません。

「下記のフォームに必要事項を記入して送信ボタンをクリック」「今すぐ購入ボタンを押してください」などの文言は必ず入れるようにしましょう。

④集客できる案内文は、お得感満載！
　集客できない案内文は、オファーが弱い…

オファーとは、商品パッケージ、取引条件という意味です。普通

「○月○日、空いてる？」

「交流会やるけど、来ない？」

もちろん、相手との関係性や距離感を考えて送っていますが、基本的には短い文章で送るように意識しています。

より「個別感」を意識するのであれば、相手の背景に触れるような文言を入れるといいですね。

「○○さん、シンガポールに行ってたんですね。Facebook に投稿していたシンガポールライスがすごく美味しそうで私も行きたくなりました。それで今後、外国人がたくさん来る交流会があるんですが、よかったら○○さんも来ませんか？　シンガポール在住の人も来ますよ」

という感じです。

相手のパーソナルをしっかり理解したうえで、お誘いすること。手間がかかるように見えますが、これが集客の近道です。

39　お客様を味方につけろ、最強集客方法

最も効果のある集客方法

ここまで、Facebook やメルマガなど、色々なツールを用いた集客方法を紹介してきました。

しかし、それよりももっと最も効果がある集客法があるのですが、なんだと思いますか？

答えは、お客様に集客してもらうことです。

「なんでお客様が集客してくれるの？」と思われるかもしれません。でも、これが本当なんです。お客様が集客してくれるというのは、つまり口コミ、紹介の力を利用するということです。

たとえば、あなたの家族や仲の良い友達から、「○○という焼肉屋が安くてすごく美味しかった！」と教えてもらうとします。食べログで調べてみると、たしかにすごく評価が高い。Facebook のフォロワーも多くて、評判はどうやら本当のよう。……となると、この焼肉屋に、ぜひ行ってみたいと思いませんか？

セミナーもそれと同じで実際に体験した人の話や感想が、1番説得力があって人に伝わるんです。また、類は友を呼ぶというように、参加者の周りには同じ課題を持った人が集まりやすいという法則があります。

似たような悩みや課題を持つ人が周りに集まっている

起業したばかりの人の周りには、同じように起業した人たちが集まります。その中の1人がある「起業支援セミナー」に行って、その内容がすごく良かったとします。すると「このセミナーがすごくタメになったから、よかったら行ってみて」という風に、周りの起業家たちに宣伝してくれるわけです。

宣伝されたほうは、そのセミナーに行って順調に売上が伸びている仲間の姿を見ているので、これはぜひ行かねば、という気持ちにさせられます。

口コミは自然発生しない

でもじつは、参加者だってこちらから何も言わない限りは、率先して口コミはしてくれません。なので主催者から、口コミをしてもらうようダイレクトにお願いすることが必要です。

お願いの仕方にもコツがあり、〝セミナーを紹介してくれることで、主催者がどれだけ喜ぶか〟を、知ってもらうと効果的です。

イベントに参加すると、参加者自身にも「仲間を増やして、コミュニティーを広げよう」という、コミュニティーに貢献したい欲求が生まれます。そこに、「このセミナーを紹介したら主催者も喜んでくれる」という気持ちが上乗せされれば、参加者自ら、周りの人に宣伝してくれるようになります。

口コミの仕方がわからないという人もいるので、そういう場合「こんな風に紹介してほしい」と伝えましょう。

Facebookだったら写真とURLをつけて投稿してほしいとか、ブログだったらこういうタグ付けをしてほしいとか、具体的なやり方を提案してあげると、参加者が考える手間もなくなります。

この最強の集客方法を実践するためにも、イベント中の写真撮影はあらかじめ許可しておきましょう。

後々、参加者に紹介してもらうためにも、写真素材は絶対にあったほうがいいです。

40　集客できない人はコレをやっている、○○の掟

自分の願望だけ押し通すのはダメ

セールスレターもしっかり書いて、ポータルサイトにも登録し、繰り返し告知をしているのに、どうしても集客がうまくいかない！　というお悩みを持つ方もいるかと思います。そんなときは、そもそもの人間関係が上手くいっているかを見直してみましょう。

自分のセミナーに来てほしい気持ちが先走って、会う人に片っ端から「○月○日空いてる？　こんなセミナーがあるんだけど来ない？」なんて話かけても効果は期待できません。長い間連絡を取っていなかった友達に、急に告知のメールだけ送り付けても、いい反応が返ってくるなんて稀です。むしろ、「突然連絡してきたと思ったらセミナーのお誘い？　一体どうしたんだろう」と怪しまれる可能性すらあります。

時間とお金を使って自分のイベントに来てほしいというお願いですから、多少の図々しさはたしかに必要です。だからといって、いい人間関係ができていないのに自分の願望だけ押し通そうとしても、叶うはずがありません。

コミュニケーションを大切にしつつ、爽やかにお誘いしてみることを心がけてみてください。

まずはコミュニケーションをしましょう

私も過去、1度しかお会いしたことのない人からいきなり連絡が来たので何かと思ったら、「イベントを開催することになったから、情報をシェアしてほしい」というお願いでした。

恐らく、名前と連絡先がわかる人に順番にメッセージを送っているのだとは思いますが、その人がどんな人かもよく知らないのに、無闇にイベントを紹介することはできません。私のお客様や、友人知人に対して責任が持てないからです。

これが前々からお付き合いのある人で、お互いにどんなセミナーを開催しているかを知っているのであれば話は別です。お願いされたら快く引き受けることができます。日常的にいい人間関係ができているかどうかは、集客の効果に大きな差を生みます。

ほかにも、他人からの告知やお誘いに対してほとんど無反応なのに、自分のイベントのときにはしつこく勧誘する、SNSで他人からのコメントを執拗に求める、「イイネ」を押してもらいたがるなど、知らず知らずのうちに「集客できない人の癖」が出てしまっているかもしれません。そうならないためにも、相手を気遣った集客ができるようにしましょう。

相手を気遣った集客ができるようになったとき、むしろ相手から「有益な情報を送ってくれてありがとう！　今回は参加できないけど、情報を必要としている人にシェアするね！」と、応援してくれることも少なくありません。

集客時には普段の人間関係が顕著に表れますので、今までを見直してみるのもいいかもしれません。

第5章

当日の開催までの進め方をスムーズにする秘訣

41　企画から開催までの流れ

開催当日までにやるべきこと

　セミナー開催の準備は、集客だけやっていればいいということはありません。主催者には山のような仕事が待っています。第5章では、開催当日までにやるべきことをお伝えしていきます。まず、セミナーやイベントを企画してから、開催までにすべきことを順番に挙げていくとこのようになります。

　告知は集客できるまで行ってください。1回の告知では印象に残らないので、繰り返しお知らせすることが大事です。また、図表14には書かれていませんが、このスケジュールの合間にも、SNSやメルマガ、ブログの発信を行っています。それに、告知用の動画も撮影しないといけませんね。セミナーの演出をどうするかの案も出さないといけませんし、音楽を使う場合は、その準備もあります。これらは、全部同時進行です。

　さらに、バックエンドを売る場合は、セミナーを開催して終了というわけにはいきません。セミナー開催中も、バックエンド購入を促すためのセールスを行います。購入希望者に申込方法をお伝えしつつ、購入しようかどうか迷っている方には、後日改めてセールスの電話を入れます。ほかにも、来てくださった参加者の皆さんとの関係が1度で終わってしまわないように、全体へのフォロー

〔図表 14　企画から開催までの流れ〕

企画
会場・ゲストの手配
１回目の告知（会のタイトル、日時、会場、会費など）
―半年以上前から―
２回目の告知（参加人数、職種、受講メリットなど具体的な内容）
―３か月前まで―
３回目の告知
―１か月前―
最終的な出席者数の確認（出席表作成）
―１週間前―
開催当日（懇親会まで）

も忘れてはいけません。

やることが多すぎて、ややこしく感じますよね。ただし、どんな大きなプロジェクトも、コツコツ地道に1個ずつクリアしていくしか道はありません。そこで次項では、セミナーを成功させるための上手なスケジューリングの方法をご紹介します。

42　成功を高めるスケジュールの決め方

黙々と行動する

膨大なタスクをこなすためにできることは、黙々と行動することだけです。とにかく動かないことには、終わりません！

そこで、自分のすべての行動を棚卸する作業をしてみましょう。

〔図表15　集客のスケジュール〕

目標人数30人
↓
自分の成約率は30%。
つまり、100人に声をかけないと集まらない。
↓
100人に声をかけるには、1日では終わらない。
午前中の3時間をメールを送る時間に当てることにしよう。
↓
3日間に分けて、１日35人ずつに告知メールを送ろう。

やるべきことは、企画全般のこと、当日の運営、会場の準備、集客などが色々あります。それらをさらに細かく分けていきます。たとえば集客の場合を見てみましょう。

どうですか？　目標人数30人という目標も、紐解いていけば、『朝の3時間にメールをする』という行動にまで落とし込めます。なかには、「1日で一気に100件メールしよう！」という気合い十分の人もいますが、私の感覚ではあまりおすすめしません。なぜなら、後に続かないからです。また、同じ作業を延々と繰り返すことで内容が雑になったり、ミスも起こりがちになります。

それよりも、「今日はこの作業を、ここまで進めよう」というほうが、精神衛生上にもいいです。

ブログやメルマガの配信

集客だけではなく、ブログやメルマガの配信なども全部一緒です。作業を棚卸し、目標を定めて1日レベルのやることまでに落とし込む。そうしたら、あとはそれをひたすらこなすだけです。

作業の棚卸をすると、自分の得意不得意もわかると思います。ブログを書くのが苦手だったら、その時間はほかの作業よりも多めに取るとか、朝一番に終わらせてしまうように計画するということもできますよね。

特にこの作業は、チームで動くときには絶対不可欠です。メンバー全員で進行状況を確認する際に、それぞれが「今日は○○を目標数までこなすことができた」と報告し合えるので、お互いの状況がわかりやすくなります。

仮に「目標数までこなせなかった」という場合でも、足りない分を次の作業時にカバーすればいいので、修正も比較的簡単にできます。

セミナービジネスに限らずどんな仕事でもそうですが、行動した数だけ成功へと近づきます。恐れず、どんどん行動していきましょう。

43　人は案外情報を見逃している、繰り返しの重要性

情報を繰り返し参加者に伝える

これも繰り返しになりますが、人は本当に情報を見ていません。自分にとって大事な情報でさえ、するっと見逃しています。いや、見逃すというよりも、あえて見ないというほうが正しいかもしれ

ません。

ＳＮＳやＬＩＮＥやメールでいつでも情報が見られるようになったため、「別に今確認しなくても、当日までに確認すれば大丈夫か〜」という気持ちになるからです。しかし結局、情報を確認することがないまま、当日を迎えるという……。あなたにもそんな経験がありませんか？

これがセミナービジネスで起こるとどうなるかというと、当日にジャンジャン主催者の電話がなります。

「今○○駅に着いたんですけど、何口に出ればいいですか？」

「近くまで来ているのですが、どんな建物ですか？」

「部屋は何階ですか？　何号室ですか？」

という質問が押し寄せてきます。

会場には電話をしないでと伝えていても、お構いなしに会場に電話をかけまくる人もいます。ほかにも、開場時間に遅刻してくる人はたくさんいますし、逆にものすごく早い時間に来る人もいます。遅刻されるのも困るのですが、準備で大忙しのときに来られるのも、困りものです。当日に起こるドタバタを言い出したら、本当にキリがないくらいです。

「駅の出口も、開催場所の詳しい情報も、開場時間も、すべて案内メールやチラシに書いてある内容なのに！」と思ったところで、仕方ありません。当日はすべてのお問い合わせに対応するのが主催者の仕事です。

こうした当日のドタバタを避けるには、やはり、情報を繰り返し参加者に伝えることです。

ステップメールの活用でリマインドを自動化

おすすめなのが、ステップメールを組んでおくこと。ステップメールとは、あらかじめ準備していたメールを、スケジュールに沿って順次配信しておくサービスです。

開催日2週間前、10日前、5日前、前日という風にステップメールを送ることで、参加者にある程度の開催情報を植え付けることができます。それでも全員に理解してもらうことは難しいのですが、やらないよりはずっといいです。

主催者である以上、「前に言いました」という言い訳は通用しません。集客のやり方と同じで、参加者に伝わって理解してもらうことで、はじめて「伝えた」と言えます。

どうやったら相手に理解してもらえるか？　というのを念頭にステップメールのつくり方やリマインドの仕方を工夫してみましょう。

44　小出し投稿で期待値を高めよ！　ＳＮＳ投稿の秘訣

あの手この手でお客様に情報を伝える

セミナーについて興味を持ってもらうには、繰り返しＳＮＳなどでお伝えしていく以外ありません。セミナー講師を育成する『TOP1%養成講座』の集客の講師でもある佐々妙美さんは、その点すごくお上手です。彼女が提唱しているのが、映画の予告編風の投稿。

一気にすべての情報を開示せずに、小出しにして情報を見せていくというテクニックです。SNS投稿が上手な主催者は、セミナーが始まる何か月も前から伏線のように情報を出していきます。セミナーに登壇してもらう講師の先生の著書の写真をSNSにアップして、

「今日は○○先生のこの本を読みました！」

というところからスタートさせるのです。

本を読んだことを報告するだけ!? と思いますよね。いやいや、ここにも仕掛けがあります。○○先生のことを知らない人に知ってもらう、第一段階の興味付です。特別な投稿に見えなかったとしても、第1回目の出会いをそこで果たしているというわけなのです。○○先生のことを知らなかった人が、○○先生の本に興味を持ってもらって、なおかつ本まで読んでもらえたら、あなたがセミナーを開催するのを喜んでくれるかもしれません。第5章43でもお伝えしましたが、お客様があなたのセミナーに来ない理由第一は『情報を知らなかった』でしたよね。ということは、あの手この手でお客様に情報を伝える努力をしなければいけません。

予告投稿は売り込み感の少ない告知手法

SNSでの予告編は、まだまだ続きます。今度は講師の先生と実際に会って打ち合わせしている

風景を写真付きでアップします。

「今日は○○先生と帝国ホテルで打ち合わせ。次の企画のお話をしてきました！　楽しいことになりそうです。今後の投稿もチェックしてくださいね！」

ここでもまだ具体的な企画名は明かしてはいけません。読者の『何をするんだろう？』という期待感をどんどん煽っていくのです。

このように、時系列に沿って情報を開示していくことは、映画のストーリーをちょっとずつ見せているのと同じです。大して内容に興味はなくても、なんとなく見ている読者というのが一定数いて、「次は何をどんなことをするのかな」と無意識のうちに続きを追っていたりします。自然とお客様を巻き込めたらこっちのものです。

このようにして、企画がどんな風に進行しているのかを日々投稿し、タイミングが来た時点で企画の具体的な告知をスタートさせます。

そのとき読者に、『こんなイベントを考えていたのか、面白そう！』という感動を与えられるのが理想です。ＳＮＳの投稿は、すべてセミナーへの参加を促す布石です。参加意志を促せるような投稿を目指してください。

映画の予告編の例を出しましたが、たまに、予告だと面白そうだったのに実際に観たら全然おもしろくなかったなんてことがありますね。皆さんは、くれぐれもそんなことにはならないよう、お気をつけてください。

45　当日の成功は開催〝前〟にあり

事前にあなたという人物を見てもらう

ＳＮＳで告知や配信をしていく際に、ぜひやっていただきたいことがあります。

それが、『事前にあなたという人物を見てもらう』ことです。

あなたがどんなに話し上手であったとしても、アイスブレイクには時間がかかります。参加者の緊張をほぐすトークから始まり、自己紹介をし、今日この場では何を提供するのかを順番に説明していかなくてはなりません。

しかし、集客時にあることをすれば、このアイスブレイクの時間を一気に縮めることができます。

それが動画をつくることです。

主催者と講師の自己紹介や、企画内容の紹介、自分が売っている商品の紹介などを、３分くらいの短い動画にまとめて参加者が見られるようにしてください。

動画によって何が生まれるかというと、信頼関係が築けます。

たとえば、テレビのタレントさんや俳優さんなどに対し、会ったこともないのに好きだ・嫌いだと感じることがあると思います。それはほかでもない、動画の効果によるものです。

〔図表16　実務で使うモノのチェックリスト〕

・釣り銭
・領収書
・参加者名簿
・書籍・DVDなど販促物
・チラシ類
・案内板
・会場案内
・筆記用具
・機材関係

圧倒的に伝わる動画

つまり、事前に動画を見てもらうことで、「主催者の○○さんは、こんな声で、こんな風に話す人なんだな」ということを教えてあげることができます。

信頼関係があるのとないのとでは、当日会場に入った瞬間の雰囲気が変わってきますし、何よりもモノの売れ方が違うんです。それはそうですよね。あらかじめ知っている商品と、その場でいきなりおすすめされた商品では、自分の中の知識に差がありますし、興味レベルも圧倒的に違います。知っているモノのほうが売れるのは、マーケティングの基本です。

また、動画のほかに、ここでは実務的な準備についても触れようと思います。図表16が、実務で使うモノの、チェックリストです。

企画によっては、ほかに必要なものも出てくると思いますが、どんなイベントであっても、これらは最低限必要になってきます。動画を撮って満足して、当日の細かい準備ができていなかったなんてことにならないようにしてくださいね。

46 キャンセルを避け、成果につながる仕組み

事前決済にする

交流会でもセミナーでもイベントでも、当日ドタキャンする人は、割りといます。用事ができたとか、仕事が終わらないとか、急に面倒くさくなったとか、理由は人それぞれです。

キャンセルを最小限に食い止める方法として最も有効なのは、事前決済です。

当日支払いにすると、「行けなくなりました」「やっぱりキャンセルします」と言いやすいので、事前決済にしておくとキャンセルの可能性を減らせます。

まずは「決済」という行動をさせる

申し込みが完了したら、1週間以内を目安に参加費を入金してもらうといいでしょう。

開催が2、3か月先の連続講座であっても同様です。基本は入金期限を決めること。

なぜなら、人間は決断を先延ばしにしたい生き物なので、〝お金を払う〟という行動をこちらから促さないと決断してもらえません。事前に参加費を支払ったら、「よし、セミナーに参加するぞ」

という気になってもらえます。

また、連続講座の場合、開催前の離脱を防ぐために、テキストや動画などの、事前カリキュラムを配布したり、懇親会や歓迎会を開くという手もあります。顔を合わせる機会や、接触頻度を上げることで、親近感や安心感を持ってもらいやすくなるのです。

事前決済ももちろん重要ですが、参加者が「キャンセルしたくならない、絶対に行きたい！」と思えるような仕組みづくりも考えてみてください。

47　開催がスムーズになる、チーム構築法

コミュニケーションを十分に

ＪＶが成長を加速させるという話をしましたが、セミナービジネスは、何人かとチームになって進めることがよくあります。場合によっては、当日ボランティアとして協力してくれるメンバーもいたりします。

ですが、運営メンバーの住んでいる場所がバラバラだったりすると、当日まで顔を合わせないということも往々にしてあるのです。一緒に企画していた仲間でも、会場に入って「はじめまして」なんてことも。

ただ、言うまでもないと思いますが、コミュニケーションが十分でないチームが企画するセミナー

は、開催はできるかもしれませんが、面白くなりにくいです。チームワークができていないので、当日の流れも滞る可能性大。これは、どんな仕事であっても当然ですよね。

コミュニケーション量と質が当日の成果につながる

私が見る限り、うまくいっている主催者チームは、みんな仲がよいです。きちんとコミュニケーションを取っています。

どうやってコミュニケーションを取っているかというと、文明の利器をどんどん利用しています。直接会えないメンバーがいる場合でも、ＺＯＯＭを使えば、オンラインで顔を見ながら打ち合わせができます。

そこで、情報共有をして、今集客人数が何人なのかを周知させたり、誰がどんな業務をしていて、進捗状況はどうなのかを伝え合います。

チームのメンバーが多いと、どうしても誰が何をしているかを把握しにくくなります。それを放置すると、直前になって、極端に進行が遅れている部分が見つかったりするので、やはり状況確認の場は必須です。コミュニケーションを積極的に取って、チーム全体でイベントを進めているという意識を常に持つことが重要です。何も言わないのに「察してほしい」という意識は、真っ先に捨ててください。

と、ここまでチーム構築法について色々とお伝えしましたが、じつは私は、チーム構築がそこまで得意ではありません。なので、得意な人に頑張ってもらうことが多いです。ＪＶをして、自分の足りない部分を補ってもらっています。

その代わり、私はお客様を巻き込むことが得意です。セミナー終了後はお客様が自発的に椅子の片づけをしてくれているということがよくあります（笑）。その力を存分に発揮して、上手にＪＶをするのです。適材適所も大事です。

48 講師やゲストに対してやっておくべきこと

裏方として支えてあげる

「講師の人たちは、セミナーに慣れているから安心だ」と思い込んで、コンテンツづくりも何もかもお任せしようと思っている人はいませんか？

たしかに慣れているかもしれませんが、それは頼れる主催者がいる場合の話。しっかり裏方として支えてあげてはじめて、講師も持ち味を活かせるというものです。

講師に対して、何をしてあげればいいかというと、ヒアリングです。

当日どういうスケジュールで動くのかはもちろん、何を持参してくるのか、こちらでは何を準備すればいいのかなど細かく聞き出します。

ヒアリングが十分でないと、セミナー前日の夜に「この資料、人数分印刷しておいて」といきなりPDFが送られてくるなんてことにもなりかねません。私自身、似たような失敗をしたことがあります。事前にしっかり聞き出しておけば、直前になってバタバタする必要がなかったという例です。

また、講師の方々は、それぞれ好みがあります。それもすごく細かいです。ホワイトボードには極太マーカーじゃないと嫌だとか、PCはMacなので変換アダプターがほしいとか、水は冷たいのが嫌なので常温で用意してほしいとか。著書にサインするペンも、○○というメーカーのものがいいので用意しておいてほしい、という講師もいました。

いずれも、講師が気持ちよくお話するための準備なので確実に用意しておくべきことです。

講師のスタイルを事前に知っておく

そして、講師の話し方のクセにも要注意です。演台のマイクを使ってずっと立って喋る人もいれば、ワイヤレスのマイクを使って動き回って話すタイプの講師もいます。タイプに応じてマイクの種類を用意しなければいけませんし、動画を撮影する場合、動き方に合わせてカメラの位置を考えなければいけません。

セミナーがうまくいき、収益商品が売れるかどうかは、すべて講師のモチベーションにかかっています。最大限の力を発揮してもらわないことには、あなたの稼ぎにもならないのです。それをわきまえて、すきのない準備をしましょう。

49　こんなときどうする？　天候不良や有事のときの対策

イベント中止の連絡は早めに

セミナー前日に台風が来たり、大雨警報が出たりというケースもままあります。そんなときどうするか。私の場合は、警報が出て、交通機関に乱れが生じそうだとわかった時点で、イベント中止の連絡をすることに決めています。

せっかく準備してきたイベントですが、決断に時間がかかるとますます混乱を生むだけなので、早めに判断しましょう。参加者の安全を配慮することが最も大切です。

なんとか開催したとしても、交通機関に影響が出ている関係で、必要な機材や、備品が届かなかったり、通常よりも運営がバタつく可能性が高いです。また、セミナー終了後に交通機関が止まったりでもしたら、参加者が帰れなくなってしまうということも考えられます。せっかく来てくれた参加者に大変な思いをさせるわけにはいきません。

備えあれば憂い無し

なかには、講師の判断で、開催することもあるのですが、参加人数は激減します。自分の身に置き換えてみればわかると思うのですが、大雨警報が出ているのに、わざわざ外出したいとは思わないはずです。

イベントの中止を決定したら、すみやかに、参加者にその旨連絡しましょう。そして、別日に改めて開催することをお知らせするのがベターです。

小規模のイベントの場合、開催日までにかかった費用は残念ながら赤字になってしまいます。ただし、中規模以上のイベントの場合は、かかる費用も大きくなってくるので、あらかじめイベント保険に加入しておくと安心です。

天候不良でイベントが中止、または延期になった場合、すでに支出した準備費用や、延期のための臨時費用が支払われます。保険会社によってプランは色々あり、このほかにもイベント中にケガ人が出たときのための『イベント賠償保険』、利用する施設内で不慮の事故やケガが発生した場合の『施設入場者傷害保険』といったものもあります。もちろん、それぞれに加入条件はあるので、一概にすべてのイベントに対応するというわけではありませんが、100人規模の大型イベントの場合は、まず、加入できないということはないはずです。万が一のため、入っておくといいかと思います。

天候不良や自然災害は予測不能です。台風の季節の野外イベントは避けるなど、常識に沿って考えるしか、対策方法はありません。沖縄でのマーケティング合宿を9月にやろうとか、明らかに無謀だと予想できることは避けましょう。

そのうえで、イベント保険などの知識をある程度入れておくのが、今できる対策かと思います。

50　当日の盛り上がりを最大化する、繋がれる仕掛け

事前に繋がれる仕掛け

はじめて訪れる場所は、誰しも多少の緊張はありますよね。さらにそこに見知らぬ人がたくさんいるとしたら、緊張感はより高まります。セミナーも、こんな状況がよくあります。そして、そんなよそよそしい状況を打破できないと、まったく盛り上がらないで終わってしまいます。交流会などは特にそうです。一部の人だけ盛り上がって終了となっては、せっかく来ていただいたお客様に満足してもらえないばかりか、次のイベントにはもう来てもらえないかもしれません。

主催者は、お金を払って来てくださった方が、どうやったら当日最大限に楽しめるかを前段階から準備して提供します。その仕掛けの１つが、参加者リストの配布です。

イベントの開催前にアンケートを取っておいて、名前や職業、会社名、どんな人と繋がりたいと思っているのかなどを聞き、それをもとにリストを作成します。

完成したリストは、イベント前に参加者の手元に渡るようにして、当日どんな人が来るのかを告知してあげるのです。来る人がわかれば安心感も生まれますし、興味のある人が前もってわかれば、イベント参加への期待感も高まります。

中には個人情報への意識が高い人もいるので、参加者リストをつくる際には、必ず参加者の承諾

を取るようにしてください。リストの掲載を希望しない人は主催者までご連絡くださいなど、インフォメーションしてあげるといいでしょう。

人と繋がりたいという目的で来ている人ばかりなので、絶対ＮＧという人は少ないとは思いますが、念のため確認するようにしてください。

当日繋がれる仕掛け

参加者リストは事前準備の中に含まれることです。では、当日できる繋がれる仕掛けはというと、プレゼンタイムです。

自分のビジネスの知識を紹介したいという参加者を募って、その場でプレゼンタイムを設けます。プレゼンといっても、自己紹介の延長のような感じです。そして、その話に興味がある人は続きはあちらでどうぞという風に、誘導してあげます。参加者が発信できる場をつくってあげると、交流会などは結構盛り上がります。

また、セミナーでは、グループワークの時間を設けるのもおすすめです。私が主催するセミナーでは、参加者がマンツーマンになってお互いのプレゼンを聞き合うワークを取り入れています。自分を発信できる機会であるとともに、相手がどんな人なのかを真剣に考える時間になるので、場も和みますし、そのあとのコミュニティー形成にも役立ちます。

第6章

最大の効果が出る当日の運営の秘訣

51　運営当日の気をつけるべきポイント

タイムスケジュールの共有を忘れないように

セミナー開催前は、念入りに準備をし、何度も打ち合わせをして、万全の体制を整えます。……にも関わらず、予測不能な事態は起きてしまうものなんです。残念なことに。必ずといってもいいほど何かしら問題が発生すると心得ておいてください。第6章では、セミナー開催当日についてお伝えしていきます。

たとえば、開催場所に備え付けのマイクを使おうと思ったら壊れていたり、機材の調子が悪く動画がうまく再生されないなどは、よくあります。こういう機材周りは、下準備とリハーサルをしっかりして対策しておきましょう。

もちろん、下準備は前日までにすませておく必要があります。前日までに役割分担をしておき、運営者全体でタイムスケジュールを共有しておきます。そして、当日は確認するだけというくらいにしておきましょう。

運営者だけではなく、講師やゲストともタイムスケジュールを共有するのを忘れないようにしてください。

相手に伝わっていると思い込まず、繰り返し確認をする

私の実体験ですが、講師が事前に送っていたメールをまったく確認しておらず、当日になって想定していたイベントとまったく違ったということがありました。「椅子がない」という指摘から始まり、内容も大幅に変更。案の定、後半はグダグダになってしまいました。メールを送ったからといって「相手に伝わっている」と思い込まず、ここでも繰り返し確認することが重要です。

またあるときは、たまたま来場していた講師の上司を急きょ登壇させたのですが、その日は動画撮影日。ＤＶＤの二次販売を予定していたので、上司を登壇させたことにより、肖像権の問題が発生してしまいました。

幸い、カメラを複数台用意していたため、自然にカットして編集することができましたが、もしカメラが１台しかなかったら、ものすごく不自然な動画になっていたと思います。

開始、終了の時間厳守は絶対

そして、最もよくあるのが、時間オーバーしてしまうこと。終了時間を決めたなら、その時間内に終わらせなければいけません。

時間を過ぎると、今度は参加者が帰る時間を気にしてしまい、その後のセールスが上手くいかなくなってしまうことがあります。セミナーが19時に終わりますと告知したのであれば、その時間内で終わらせることは、主催者の重要なミッションです。

始まりの時間もそうです。スタートは絶対に遅らせてはいけません。遅刻している人を待ちましょうとなりがちですが、だったら早く来ている人は何なんだとなってしまいます。時間厳守。これは大事です。

52　セミナー・イベント開催は、ライブである

参加者に自分のファンにする

第1章の、主催者の心得という項目でも紹介しましたが、セミナーやイベントは、ライブです。その日だけの一期一会の場です。厳しいことを言うと、失敗したらそれで終わり。同じ空間に、同じお客様が再び集まることはないので、挽回の機会を作ること自体、かなり難しいものになります。

加えて、「失敗してしまった……」ということが、ほかでもない主催者であるあなたのモチベーションを下げることにもなってしまうのです。だからこそ主催者は、1回のイベントに、命をかけるつもりで臨まないといけません。境地としては、武道館に立つアーティストと同じだと思ってください！

これは決して、大げさでもなく、ふざけて言っているわけでもありません。

たとえば、友達からライブに誘われたと想像してみてください。あなたはそのアーティストの曲をいくつか知っている程度で、そこまで興味はありません。チケット代は５０００円。当日まで行

くかどうか悩みましたが、ドタキャンするわけにもいかず、なんとなく行くことにしました。すると、そこではアーティストが信じられないくらいの熱量をはなって演奏をしているのです。あなたはすっかりファンに。物販に並んでＣＤを購入、追加公演のチケットをその場で買い、ついでにファンクラブにも入会しました。

現実に、アーティストのライブでは、こういうこと起こりがちですよね。魅力的なステージをつくり出せる人は、当然人気も出ます。

セミナービジネスでも同じように、その日来てくださった参加者を、自分のファンにして、また会いたいと思わせないといけません。

主催者の役割は場つくり

かなり極端な例で説明しましたが、講師の雰囲気がいいと、お客様も安心して話を聞くことができるという意味です。ライブだって演者がテンション低く、やる気がなかったら、オーディエンスもポカンとします。せっかくお金を払ったのにこんなやる気のないステージを見せられたら、次のライブに行こうなんて気も起きないはずです。

講師が気持ちよく話せるように、また、参加者が緊張せず話を聞けるような空間をつくり出します。基本的に参加者はみんな緊張しているので、声をかけてあげたり、参加者同士を繋げてあげるということもしてあげます。

参加者同士が繋がる仕掛けづくりについては、後の章で詳しくお伝えしますが、要するに場づくりをするのは主催者の仕事ということです。

53 開催目的に応じた、効果的な会場レイアウト

空気のいい場所であるか

セミナー当日、参加者がまず目にするのは何でしょうか？　そうです、会場です。どんな建物であるかも重要ですが、中に入ったときの印象はもっと大事です。その後、数時間その場所にいるわけですから、できる限り、居心地のいい空間であってほしいですよね。

イベントの種類にもよりますが、女性向けの美容セミナーをするのに、殺風景な会議テーブル、パイプ椅子だったら、部屋に入った瞬間「げっ、来る場所間違えた」と思われるかもしれません。

華美な装飾をしたほうがいいというわけではなく、わざわざ来てくださるお客様が、いい気持ちで過ごせるような環境にしなくてはなりません。少なくとも、清潔感があって空気のいい場所であることが最低ラインです。

重要なのは満席感を出すこと

そして、肝心の会場レイアウトですが、必ずやってほしいのが、満席感を出すことです。

〔図表17　横型レイアウトと縦型レイアウト〕

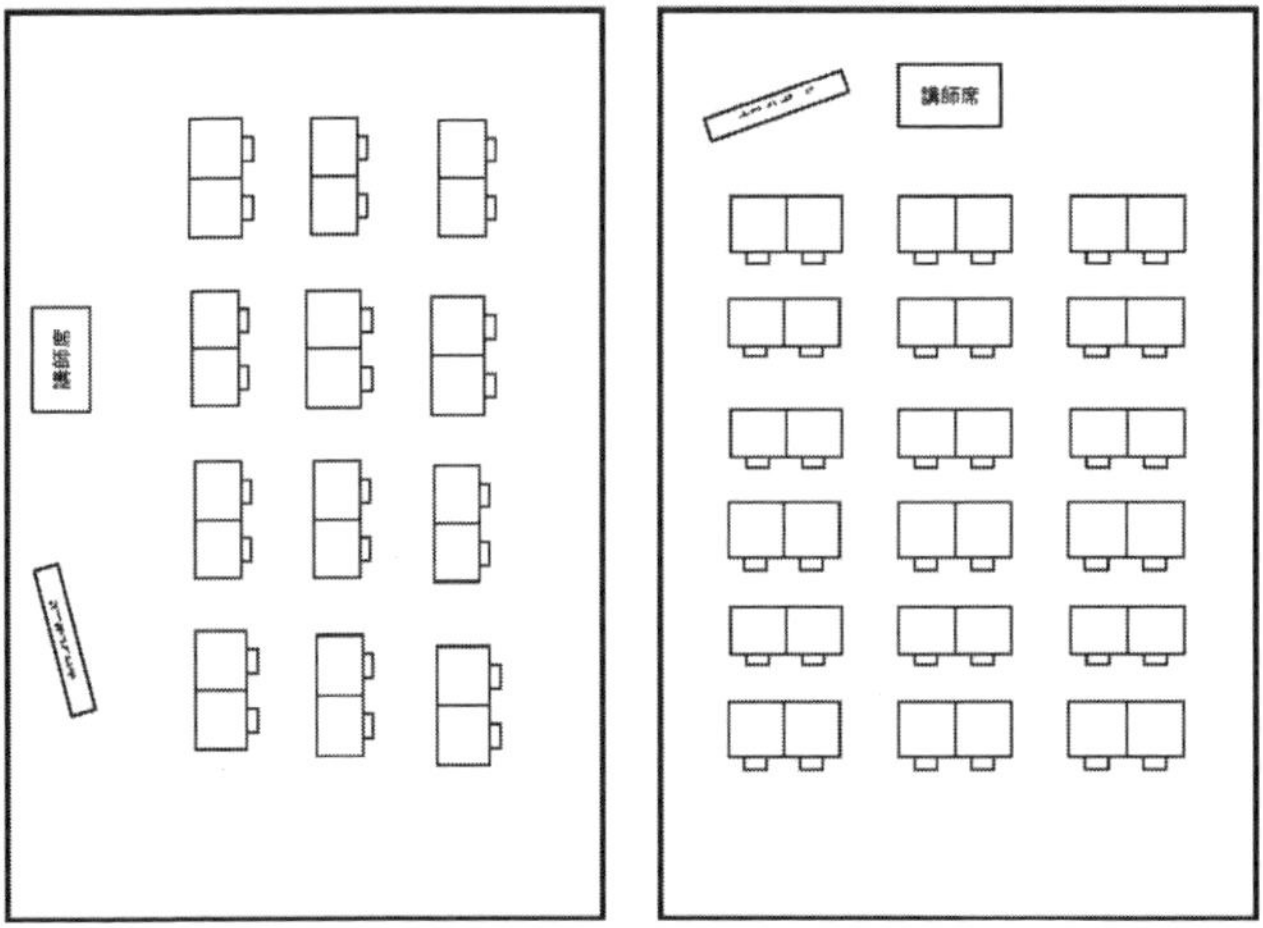

定員50人のイベントだけど、30人しか集まらなかったという場合でも、椅子を外して、さも定員30人のイベントだったかのようにします。そうすることで、

「人気のあるセミナーに参加できた！」

「満席になるくらいすごい先生なんだ！」

という満足感が得られます。

逆に椅子を抜かずに空席だらけの状態のまま開催すると、スカスカなイベントになってしまい、場が白けてしまうのです。

もう1つのポイントは、講師と参加者の距離をできるだけ近づけること。

図表17を見ていただくとわかるように、縦型レイアウトにすると、後列に座った参加者と、講師の距離はかなり遠くなってしまいます。臨場感が薄まるので、この状態でセールスをしても購買意欲も上がりにくくなります。また、距離が離れれ

ば離れるほど、当事者感もなくなっていき、話が心に刺さりにくいです。

なので、会場は必ず横型レイアウトにしましょう。図表17の左を見ると、参加者と講師の距離が近いですよね。この距離感で話す言葉は、参加者にダイレクトに響くので、セミナーに〝参加している感〟が強まるのです。もちろん、購買意欲も上がります。

ちなみに、立食パーティーの場合も、レイアウトは重要です。どこでドリンクを取って、どこに食事を置くのか、参加者の動線を考えてつくらないといけません。

いずれの場合でも、開催日前に、会場のスタッフと相談して椅子やテーブルの位置を決めるので、参加者の満足度が高まるようなレイアウトを工夫しましょう。

54 感動をつくる！ 五感を刺激する演出方法

演出の力が不可欠

参加者の印象に残り、感動を与えるイベントをつくるには、演出の力が不可欠。動画や音楽を使って、参加者の気分を盛り上げてあげます。

演出が苦手、むしろ今までそういうことをしたことがないという人もいるかもしれませんね。だからといって、演出を適当にすると絶対に後悔します！

「あの場面で、音楽をかければもっと盛り上がるはずだった」

ということがあるからです。

この章のはじめに『セミナー・イベント開催は、ライブである』という項目がありましたが、ライブも演出が命ですよね。いい演奏は、いい照明、映像、音響があって、より際立ちます。すなわち、講師の話も、演出次第でより素晴らしいものへと進化していくのです。

感情を動かす音楽や照明の力

たとえば、演出の力を借りると、人を泣かせることは意外と簡単です。

感動する話をして、感動する動画を流して、明かりを落とせば、大抵の人は涙します。

自己啓発セミナーなどでは、これに似た演出方法をよく使っています。自分と向き合うワークがあるときに、しっとりとした音楽を流して、明かりを落としてあげます。そうすることで、自分の弱い部分や、欠点が浮き彫りになってくるのです。演出によって、自分の心を動かす後押しをしてくれます。

反対に、起業セミナーなど、頭をひねり出すワークのときなどは、アップテンポの曲をかけてあげるといいです。気持ちが盛り上がって、どんどん発想がわいてきます。音量を大きめにするとなおいいです。演出によって参加者に勢いを与えてあげるのです。

ただし、このような効果的な演出をするには、下準備が重要です。また、演出に力を入れるイベントをするのであればリハーサルの時間も取れるよう、スケジュールに組み込むことも忘れてはいけません。

55　参加者満足度を上げるちょっとした心遣い

おもてなしの心

主催者スキルの1つに、〝おもてなしの心〟というのがありましたが、皆さん覚えていらっしゃいますか？　おもてなしスキルを簡単に発揮できるタイミングがあります。それが、イベント当日。受付を終えて、会場にお客様が入ってきた瞬間です。

ドキドキしながら入ってきたお客様に、まずはにっこり笑顔でお迎えします。お水やお菓子などを準備しておくといいです。特に、セミナー中は、学びで頭をつかう時間が多いので、甘いものがあると、ちょっとした息抜きにもなります。真夏の暑い日などに、お水をいただけると助かりますよね。

「このイベント主催者、気が利く！」という印象を抱かせることができるのです。

事前に椅子やテーブルに用意しておいてください。細かいことですが参加者に対し、「来てくださってありがとうございます」という気持ちを伝えることができます。

たったこれだけの気遣いで、参加者の満足度がかなり変わってくるので、むしろやらないほうがもったいないくらいです。

「これがあると便利だな・嬉しいな」を準備する

モノをお渡しする以外でも、資料をまとめるためのファイルが用意されていたり、配布物を持ち帰るための紙袋などもあると嬉しいですよね。

ベストセラー作家の本田健さんのセミナーは、お弁当が美味しいと有名です。また休憩時間にはちょっとした果実が出たりもするそうです。

参加者の気持ちになって考えてみたときに、「これがあると便利だな・嬉しいな」というものがあればどんどん取り入れてみてください。あなたにしかできない気遣いを見つけることができたら、そのセミナーは、もっといいものになります。

56　売上を最大化する、動画活用術

動画で残す

告知、集客、販売など、さまざまな場面で使えるのが、動画です。

自己紹介動画を撮影してSNSの発信に使ってもいいですし、セミナー中の動画を撮影すれば、それをそのまま再販することもできます。売上アップのためにも、ぜひ動画は残しておきましょう。むしろ、撮影しないほうがもったいないとも言えます。

まずは、告知や集客で役立つ動画の活用術についてお伝えします。

〈集客〉

人は何もわからないところに行くことに不安を感じますが、動画で講師の『声』や『話し方』を見ることで安心感、親近感を持つようになります。セミナーに対するハードルが、ぐんと下がるのです。

また、過去の参加者がセミナーの感想を語っているものを動画にするのも効果抜群です。参加を迷っている人にとって、実際の声というのは、背中を押してくれます。セミナーに参加する前と後でどう変わったか、どんな良い影響があったかを語ってもらえたらいいですね。

〈講座フォロー〉

遠方でセミナーに参加できない人、あるいは欠席してしまった人へのフォローアップとしても動画が役に立ちます。

連続講座を断念する大きな理由として、『時間が合わない』というものがあります。ですがこれは、動画を使うことで解決できる問題です。

動画での受講も可能であれば、セミナー開催日の都合が合わなくても大丈夫です。自分の好きなときに受講できます。

また収録動画ではなく、オンラインの受講であれば、そのときに参加者から質問を受けたりすることも可能となります。

〔図表18　動画コンテンツ作成の際の注意点〕

①講師と契約を取り交わすこと
動画の著作権は講師にあります。ですので、動画を販売しようと思ったら、講師と契約をしっかり結ぶ必要があります。勝手に販売したら、著作権侵害で訴えられることもあるので、契約は必ず書面で取り交わしてください。

②参加者が写り込まないようにする
肖像権の問題があるため、参加者が写り込まないように配慮してください。万が一、写り込んでいた場合は、モザイクをかけるなど、顔がわからないように編集します。

③著作権があるキャラクター、音楽、動画は使わない
有名なキャラクター、音楽などは、ほぼすべてに著作権があります。著作権フリーの素材を探して利用しましょう。

〈特典・再販〉

せっかく開いたセミナーなのですから、１回きりで終わらせるのはもったいないです。動画を再販することで、さらなる売上アップを狙いましょう。また、特典としても使えます。

「今回申し込んでいただいた方には、特別に前期のセミナーＤＶＤを差し上げます」

という風に告知すれば、ＤＶＤを目当てに受講したいという人が表れます。

ここまで、動画がいかにメリットを多く含んだツールかということを説明しましたが、動画コンテンツを作成するためには注意点もあります（図表18）。

せっかくつくった動画が特典や販売することにもなりかねないので、図表18の３つの注意点を必ず守るようにしてください。

制作会社を使う

なお、予算がある場合は、動画制作会社に頼むのが確実です。費用はピンきりですが、5～30万円ほどが目安です。高額ですが、動画の販売を考えている場合は、思い切ってプロにお任せしたほうが結果的にコストも手間も最小限に抑えられます。

自分でやるには専門的な知識も必要になってくる編集も、製作会社にお願いすればお手の物。パワーポイントの資料を挿入したり、テロップを付けたり、効果音を挿入したり、よりクオリティの高い動画を制作することができます。

どうしても予算をかけたくないのであれば、自分で撮影してもいいでしょう。その場合は、5～12万円くらいの家庭用デジタルビデオカメラで十分です。音声はしっかりと録りたいので、外付けのマイクを購入するとよりいい動画をつくることができます。

ちなみに、動画はストリーミングでも配布、販売ができますが、お客様にとっては、形のあるＤＶＤのほうが価値を感じてもらいやすいのもポイントです。

作成したＤＶＤは、自分のお客様だけでなく、Amazonでオリジナル商品として販売することもできます。そうすれば、まったく見知らぬ人が購入してくれる可能性もゼロではありません。

動画コンテンツは、いきなり大きな売上に繋がりにくいものの、1度つくってしまえば、自分が動かなくても売上になる可能性を秘めています。

セミナーを開催するなら、1度で終わらせず、機会を最大化することを考えましょう。

57　ブランディングに繋がる写真の撮り方

掲載用の写真はセンスよく

主催者にとって、毎日ブログやＳＮＳなどで発信するのも大事な仕事の1つです。同時に、掲載用の写真を撮るという作業も重要なミッションの1つです。じつはこの写真というのが、意外とセンスを求められます。

ＳＮＳに投稿することを考えると、下手なものは使えません。様子がわかりにくいのもＮＧです。自分のブランディングを大きく左右するので、あまりにもプライベート感満載の写真だとプロフェッショナルさが失われてしまいます。当然『暗い』『汚い』写真は論外です。

何よりも優先すべきは、あなたが『顧客に持ってもらいたいイメージ』です。セミナー主催者であることを認知させるには、セミナーをしているとき、セミナー講師との打ち合わせ、企画途中の様子などを率先して撮影していく必要があります。

セミナーをしているときの写真を撮影するにもポイントがあって、参加者の頭ができるだけ多く入るように写すといいです。人前で喋っているシーンが入っていると、より伝わりやすくなります。動画や写真をたくさん撮影して、次に使える素材を集めていくことも忘れないようにしてくださいね。

あなたのブランディングに関わるプロフィール写真

そして、日常のシーンの撮影と同時にもう1つ重要なのが、プロフィール写真です。

主催者の顔を覚えてもらうためのプロフィール写真は、できればプロに撮ってもらいましょう。プロフィール写真を見た人は、その表情や雰囲気からあなたが『どんな人なのか』を無意識に感じ取ります。

そう考えると、やはりプロカメラマンに撮影してもらうのが1番です。素人の写真だとどうしても〝アマチュア感〟が出てしまい、ビジネスへの本気度が伝わりにくくなってしまいます。

そして、名刺、ブログ、Facebookなどに掲載するプロフィール写真は、統一しましょう。プロフィール写真はアイコン的役割を持っています。統一することで覚えてもらいやすくなり、SNSで探すときにわかりやすいです。

プロフィール写真もSNS用の写真も、どちらもブランディングのために力を入れたいところです。

58 満足度と成約率を高める懇親会企画

クロージングの場と考える

多くの場合、セミナー終了後には、懇親会を開催します。

参加者からしてみたら、講師と近い距離で話ができるチャンスでもあり、別の参加者とも繋がることができる、楽しい食事の場です。

さらに、懇親会に参加するということは、セミナーに対する期待値が大きく、講師や参加者と仲良くなりたいと思っている方、バックエンドを購入する確率が高い層とも考えられます。

ということはつまり、主催者にとって懇親会は、楽しく食事をするための場ではありません。クロージングの場だと考えるべきです。

そして、この懇親会の成功率は、セミナー全体の印象に大きく関わってきます。

というのも、セミナーがどんなに良くても、懇親会が微妙、もしくは最悪だと、その日の記憶がすべて台無しになってしまうためです。懇親会で気をつけるべきポイントがこちらです。

懇親会で気をつけるべきポイント

①懇親会は食事をする場ではない

懇親会で、クロージングをするために、運営側で事前に情報共有をしておきます。誰がセミナー会場でバックエンドの商品を申し込んで、誰が申し込んでないかを確認し、懇親会の席順はそれにともなった形にします。

バックエンドの申し込みがまだの人を講師の近くに配置し、近くで話をすることで、購買意欲を高めます。主催者をはじめ、運営メンバーも同様です。

私の場合、男性参加者にセールスするほうが得意です。なので、懇親会では男性の隣に席をゲットし、色々な話を聞きます。相手の課題や悩みがわかったら、「それを解決するには、次のセミナーに入ったほうが絶対いいですよ！」と、商品をすすめましょう。

②セミナー会場から徒歩2分圏内の飲食店を探す

近ければ近いほどいいでしょう。食事が美味しい店で参加者をもてなしたいと、わざわざ会場から遠くの飲食店を準備しているケースもありますが、遠方から来ている人は地理感覚がないので迷子になってしまいます。

近くて、価格・味のバランスがよいお店がベストです。

③セミナー参加者の属性に合わせて店を選ぶ

参加者の年齢や性別、職業に合わせてお店を選びましょう。

たとえば、20〜30代の会社員の男性が多いようなときは、食事のボリュームがあるお店が好まれる傾向にあります。ほかに、20代が多い場合は、会費を低く設定できるお店がいいです。

④チェーン店はできるだけ避ける

せっかくなら、個人経営の美味しいお店を探しましょう。料理が美味しいと、会話も弾みます。また、個人経営のお店ですと、臨機応変な対応を頼みやすいというメリットがあります。ケーキの持ち込みを快く了承してくださったり、交渉すれば飲み放題メニューに含まれていないノンアルコールビールを用意してくれることもあります。お店の協力があると、ますますいい懇親会にすることができます。

⑤1度は食べに行って対面で予約する

会場選びでも下見の重要性をお伝えしましたが、懇親会会場も同じです。1度は食事をしにいくのが鉄則です。料理の味とサービスの質は、自分の目で確かめないといけません。

会場はできれば全員の顔が見えるような空間や間取りが望ましく、一体感が出るお店を選びましょう。

また、下見に行った際に予約すれば、こちらの顔を覚えてもらえますし、こちらの要望も伝えやすくなります。ＨＰ上では土日休みのお店も、ある程度の人数が集まれば臨時営業してくださることもあります。これも、1度行ってみないことには得られない情報です。

⑥主旨に合ったお店を選ぶ

できれば、セミナーのテーマに合ったお店を選びましょう。

たとえば健康を伝えるセミナーであれば、オーガニックレストランや、産地直送の食材を扱っているお店など、健康を意識したお店が望ましいです。健康の大切さを2時間聞いたあとに、ジャンクフードを食べるお店に連れて行かれたら、せっかく築いた参加者からの信頼を失いかねません。

距離や、コスト面での条件があるため、１００点満点のお店を探すのは難しいかもしれませんが、苦労して探したお店が喜ばれると嬉しいものです。

同会場で懇親会を開催するのもおすすめです。移動の手間が省け、他のお客様がいないため、交流に集中することができます。

懇親会失敗例

参考までに、懇親会の失敗例もご紹介します。

ある主催者が、富裕層の成功哲学をテーマにしたイベントを開催し、いい雰囲気で終わらせることができました。

ところが、その後の懇親会に選んだお店が、なんと、某大衆居酒屋のチェーン店。富裕層の成功哲学をさんざん聞いたあとに、リーズナブルな居酒屋チェーン店では場違い過ぎます。このミスマッチによって何が起きるかというと、「この先生は信用に値しない」となってしまうのです。「セミナーで話したことと全然違うな」となってしまうから当然ですよね。

もう1つ、悪い例を。たまに、懇親会で利益を得ようとする主催者がいます。

「会費5000円の懇親会を、実費3000円で開催しよう」というものです。1人2000円の利益を得ようという考えですが、これは、よくないです。

なぜなら、3000円の料理はどうあがいても3000円です。参加者に、「5000円の割には、なんだか料理がショボいな」という印象を与えます。むしろ、会費を多く取られているのがバレると、せっかく築き上げた信用度はガタ落ちです。懇親会で利益を求めてもなんのメリットもないどころか、マイナスになりえます。

懇親会で成約を決める人はすごく多いので、最後まで気を抜かないでくださいね。

〔図表19　アンケート例〕

1このセミナーに参加する前に、どんな悩みや課題をお持ちでしたか？
2このセミナーを知って、すぐにお申込みをされましたか？ （すぐに申し込まなかった方は、その理由を教えてください）
3何が決め手となって、このセミナーに申し込みをされたのでしょうか？
4実際に参加してどうでしたか？（受講前と受講後の変化など）

59　アンケートはこう活用すべし

アンケートの内容

アンケートでお客様の声を聞くことは、次のセミナーへの改善点やニーズを調査するために欠かせないことです。ですが、バックエンドの販売時にはアンケートを取らないほうがよいです。販売時にはアンケートを取ると購入率が下がります。

できれば、後日改めてメールでアンケートを依頼するといいでしょう。チェックボックス形式だと記入するほうは簡単なのですが、後ほどＨＰやチラシにも使えるように、できるだけ文章で書いてもらえるようなアンケート方式にしたほうがいいです。でも、それだと書くほうは結構な負担になってしまいますよね。

そこで、使えるのがプレゼント特典。『アンケートを書いてくださった方限定で、ＰＤＦや動画などをプレゼント』とすれば、アンケート回答率が上がります。

アンケートの内容は、図表19を参考に聞くとよいかと思います。

最低でもこれだけ聞ければ、次の企画への足がかりにすることができます。

図表19の4の受講前と受講後の変化の回答については、次の企画時の告知に使いたいので、その旨お伝えし、できれば実名で、顔写真も使えるか打診してみてください。

実名・顔出しをしているかどうかで、アンケートの信憑性が断然変わってきます。

60　当日慌てないための、よくある失敗例

失敗例をあげると

セミナービジネスは、トライ・アンド・エラーです。たくさん経験して、たくさん失敗し、ブラッシュアップしていきます。

とはいえ、想定できる失敗は避けるのが賢いやり方ですよね。私が経験した失敗を例に挙げると、

・プロジェクターを使うはずが、講師のパソコンがMacで、変換器がなかった
・ホワイトボードのマーカーが出ない
・参加者が別の会場に行ってしまった
・お釣りの小銭が足りない

・領収書が足りない
数え上げれば、もっとあります。めちゃくちゃあります。でも、基本的にはすべて事前準備をしっかりしていれば防げるものなのです。あるいは参加者に対するリマインドが弱いために起こる失敗、それと、忘れ物系です。

私の失敗を参考に、みなさんは同じ過ちを繰り返さないよう、気をつけてください！

61　次に繋がる仕掛けのつくり方

次に会える機会を創る

セミナービジネスは売切り型のビジネスモデルです。意識的に次に繋がる仕掛けをつくらないと、その場限りで終了ということになってしまいます。

仕掛けにも色々な方法がありますが、セミナー当日にすべきことは、次のイベントなりセミナーなりのインフォメーションをすることです。チラシやパンフレットなどの販促物は、その場で配ってお知らせしましょう。

さらに言ってしまえば、できればその場でお申込みしてもらうのがベストです。「今日申し込んでいただいた方は○円引きになります」など、ディスカウントするのも効果的です。

「あとで申し込みします」という人はほぼ申し込みません。なので、もし悩んでいる人がいるようなら、先に申し込み書だけ記入してもらうのもいいです。とにかく、次に会う約束、あるいは電話をする機会を、その場でつくらないといけないわけです。

1番やってはいけないのは、次へのお知らせが一切ないこと。次のセミナー企画が未定だったとしても、交流会や、フォローアップ勉強会などの開催はできるはずです。見込み客とのリアルな接点を逃す手はありません。時間の許す限り、全力で交流していきましょう。

メルマガ登録を自発的にしてもらう

次に繋がる仕掛けはイベントやセミナーの申込みから始めることができます。

それは、イベントやセミナーなどの申込みの際に、メルマガ登録やＬＩＮＥ＠などの登録をしてもらうことで参加費の割引価格の設定をすることです。人は自分の得になることしかやらないと書きましたが、ただ「メルマガ登録をしてくださいね～」だけではなかなか登録してもらえません。参加費が割引になることで、メルマガの登録率は飛躍的に上がります。

登録してもらえれば、その後も違う企画の案内を送ることができます。

また、登録してもらう仕掛けは他にもあります。

ＰＤＦプレゼントなどがそれにあたります。参加者の方が喜びそうなコンテンツをまとめ、メルマガ登録者にダウンロードしてもらいます。

本書でもメール講座のご案内を巻末にしていますので、ぜひ登録してくださいね。

第7章

ここが重要、セミナー・イベント開催後のポイント

62 成約率を上げる、申込後のフォローの仕方

バックエンドを売る秘訣

さぁ、いよいよ第7章は仕上げの段階です。あなたのセミナーは、無事終了したと仮定します。しかし、主催者としての仕事はここからが本番です。収益を出すためのバックエンドがどれだけ売れるかは、セミナー終了後にかかっています。この章では、バックエンドをたくさん売るための秘訣をお伝えしていきましょう。

フロントセミナーですごく感動してくださった参加者が、「もっと勉強したいので、連続講座に申し込もうと思っています！」と、目を輝かせて言ってきたとします。あなたはフロントセミナーを一生懸命やったかいがあったな、おかげでバックエンドが1つ売れたなと、幸せに思うことでしょう。

鉄は熱いうちに打て！

しかし！　ここで終わってしまうのが最も危険なんです。なぜなら、会場から1歩でも外に出ると、参加者に待ち構えているのは、普段の日常。セミナーで得た興奮や感動は、時間とともになくなっていき、次の日には、すっかり気持ちは落ち着いてしまいます。

なかなか申し込みの連絡がなく、心配に思ったあなたが電話をする頃には、参加者の熱意はすっかり消え失せて「やっぱり、連続講座は止めました」……となってしまいます。こういうケースはよくあることで、決して珍しくはありません。

つまり、成約率を上げるのに大事なのは、タイミング。『どのタイミングで、バックエンドの商品を買ってもらうか＝申し込んでもらうか』ということです。

ベストなタイミングは、セミナー終了直後。参加者の気持ちが1番高揚しているときに、申込書を書いてもらいましょう。もっというなら、クレジットカードの決済端末をあらかじめ用意しておいて、その場で決済できるくらいにしておくとさらにいいです。

「もし、連続講座に興味があったら、申込用紙があるので、ここで出していっていただいても大丈夫ですよ。後々気が変わったら、キャンセルすることもできますので」という風にカジュアルに、しかし熱意を込めて誘導するのがポイントです。なぜなら、『後から申し込む』という人は、ほぼ申し込まないので、この場で申し込んでもらうことが、成約率アップのカギだからです。

期日を決める

申込書を書いてもらったら、第一段階クリアー。次は、24時間以内にフォロー電話をします。フロントセミナーが終わった瞬間から、どんどん参加者の熱量が下がっているので、電話は必ず24時間以内に。そこで、話すべき内容は、

・バックエンド申込みのお礼
・決済の案内やバックエンドフローの案内
・ご入金期限の設定（1週間以内の集金が望ましい）

特に、入金期限を設定するのが重要で、ここでも時間が空いてしまうと「やっぱりキャンセルします」となりがちです。気持ちが上がっているうちにお金の支払いが終われば、参加者にも覚悟が生まれるので、入金期限はできれば1週間以内を設定してください。

フロントセミナーの参加者の購買意欲が最も高いタイミングを見極めて、セールスをかけていきましょう。

そして、第5章でも触れましたが、フロントセミナーでもバックエンドの連続講座でも、開催までの期間で必ず離脱が起こります。高揚していた気持ちが落ち着いて、「やっぱり自分には必要ないかもしれない」と思い、キャンセルをする人が少なからずいるのです。

それを防ぐために、テキストの配布や動画の配信が効果的だという話をしました。

なぜ、こうした方法をするようになったかというと、私自身、お客様の離脱に悩んでいた時期があったからです。どうにかして離脱を防ごうと思い、苦肉の策として、テキストや動画を使い始めました。結果的に、これが功を奏し、離脱が激減したという背景があります。

ほかにも、講座の体験入学をできる機会を造ったり、コミュニティーの歓迎会を開くなど、お客様の気持ちが途切れない工夫はたくさんあります。ぜひ、あなただけの方法を見つけてみてください。

63　新規営業不要、勝手に売れる仕組み

お客さんに売ってもらう

じつは、私の主催する講座は、新規営業をしなくともどんどん売れていきます。

どうしてそんなことができるかというと、お客さんに売ってもらっているからです。

お客さんに売ってもらう？　何それ？　という感じですよね。

一般的に、「物を売ろう、集客しよう」と思うと、人は新規顧客に躍起になります。

ところが、現実には新規営業ほど難しいものはありません。あなたもそうだと思います。営業マンに売り込みされたものほど、抵抗感が生まれませんか？　よくわからない商品を買うよりも、自分が本当に良さを知っている、使い慣れたものを買いたいと思うはずです。これこそが、集客のキモなんです。つまり、新規顧客よりも、すでにお金を払ってくださったお客様、商品の良さを知ってくださった方にエネルギーを注いだほうが、ずっと意味のある集客になります。

ということは、あなたのセミナーのよさを1番感じてくれているのは、すでに受けてくれたことのあるお客様にほかなりません。であれば、そのお客様を大切にしましょう。

お客様が集まれるような交流会を開催したり、集まれる場を定期的に作れば、その都度商品を思い出してくれますし、もう1度買おうという気持ちになってくれるかもしれません。

既に買ってくれたお客様とゆるく繋がれる場をつくる

お客様のための交流会や、集まれる場のつくり方にもコツがあります。できるだけ〝ゆるい集まり〟にすることです。

人によっては、長期間講座から離れていたり、知り合いがほとんどいないという場合もあります。そんな人たちでも、気軽に参加できるようにしてあげましょう。

私の場合、交流会を開催することが多いです。ゲストを招いて、対談する時間を入れたりしています。対談のテーマに興味がありそうな人に声をかけやすくなるからです。

また、心がオープンになることを目的とするならば、絶対に飲食の用意はしたほうがいいです。食べながら話すと、自然と雰囲気がゆるくなります。

あとは、そのゆるい雰囲気の中で、自分の商品の素晴らしさや、楽しさを、アピールしていきましょう。新たな人に売り込みに行くよりも、断然、効率的です。

すると不思議なことに、お客様が商品を必要としてくれる人に、勝手にすすめてくれるんです。また、交流会に誘うために久しぶりに連絡をとったことがきっかけで、その場に参加してくれなかったとしても、「ちょうどセミナー開催で相談したいと思っていたんだ！　新しい企画を立ち上げるので、協力してくれない？」「ちょうど安井さんに紹介したい案件がったんだ！」と仕事の話につながることもしばしば。

勝手に売れる仕組みとはこういうことです。

64 リピーターになっていく、再受講制度の仕掛け

学習効果を高める再受講制度

前項で、すでにお金を払ってくれたお客様を大事にしましょうというお話をしました。そのために用意しておきたいのが、再受講制度です。

再受講ということは、つまり、同じ連続講座をもう1度受けていただくということ。すでに学んだことをどうしてもう1度？　と不思議に思われるかもしれません。

しかし、人は忘れていく生き物です。勉強した直後はしっかり身についた、もう大丈夫と思っていたはずなのに、時間の経過とともに、学んだことをどんどん忘れていきます。それもそのはず、勉強する機会が失われてしまったら、モチベーションも持続しないので、この結果は当然です。

じつは私は、セミナービジネスを始めた頃、連続講座は売らないで、単発セミナーをひたすら開催するということをしていました。良い出会いの場をつくって、人の成長の機会に貢献したいという信念があったからです。

ところが、単発セミナーを開催しても、学ぶのはそのときだけ。あとは日が立つにつれて忘れていくというお客様がほとんどでした。そこで、連続講座を始めるようになったのです。

繰り返し学べる機会があれば、勉強したことを忘れませせん。頭と体にしっかり定着させること

ができます。学びや刺激を定期的に受ける機会が、よき変化にとってはとてもいいのです。そういったことから、お客様の成長に貢献しようと思うと、再受講制度があったほうが理にかなっているのです。

また、1度お金を払ったお客様は、誰よりもその商品の良さを理解してくれています。つまり再び購入してくださる可能性がとても高いです。

お客様に再受講制度の良さを理解してもらう

といっても、やはりこちらからアプローチをかけないことには、リピーターにはなっていただけません。ではどうするかというと、どうして再受講することがいいのかを、お客様に伝えるのです。

これが再受講をおすすめする理由です。実際に再受講を受けてくださったお客様からは、「1回目の受講では、はじめて聞くことばかりで頭の中がいっぱいになったけど、2回目以降は情報が頭にスッと入り込んでくるようになった。1回目では気が付かなかった発見や気づきもあった」という声をたくさんいただいています。

再受講価格を用意する

もちろん、再受講してくださったお客様には、こちらから特別なオプションもご用意します。

たとえば、私が主催している講座のほとんどが、再受講してくださる方には、受講料を割り引きしています。また、せっかくもう1度受けてくださるのだから、実際にセミナーの運営側に回ってもらい、いわば主催者の実践練習をしてもらったりもします。

責任感を与えることで、新規の受講生と差をつけてあげるのです。本人のモチベーションアップになりますし、周りの受講生たちに対する『再受講を受けるメリット』のお手本にもなってくれます。

こうした仕掛けをたくさんつくった結果、ありがたいことに多くの講座の再受講率は、50％を超えています。

65　スピード感が重要、人の心は移ろいやすい

再受講制度のメリットを伝える

前項に続き、再受講制度のお話をしていきます。

バックエンドを売るとき同様、再受講を促すのもタイミングとスピード感が重要です。そして『再受講がいかに素晴らしいか』というメリットを繰り返しお伝えしていくことが重要です。

講義の最終日に一言、

「再受講制度もあるので興味のある人はぜひお申込みくださいね」

と言うだけでは売れません。

大抵の人は、「ふーん、そうなんだ」で終わってしまいます。仮に「帰ってから考えてみよう」と思っ

たとしても、家につくころにはすでに、セミナーを受けたいという気持ちのピークは過ぎてしまっているでしょう。

では、再受講制度を売るベストタイミングがいつなのかというと、講座の最中です。継続講座であれば、その講座の中で、再受講制度のメリットを繰り返し、お伝えしていきます。

「1度では身につかないから、何度も学んだほうがいい」ということをきちんと言い続ける。それが、再受講のセールス方法です。

そして、連続講座が終わっていよいよ卒業という日に、再受講の申込みを募ります。卒業の日は、じつは最も学びへのモチベーションが高まっている瞬間です。

「この講座はすごくタメになった。もう1度受けることで、もっと深く学びたい！」

と思ってもらえたら大成功です。

口コミと再受講で満席にする

再受講制度を極めると、最終的にどうなるかというと、新規顧客の獲得が必要なくなります。受講生が繰り返し受け続けてくれるからです。加えて、リピーターになってくださったその受講生たちが、口コミで自発的に集客をしてくれます。

名前は出せませんが、ある講座はLPという1枚のHPしかないにも関わらず、1年で4000万円くらいの売上を得ています。これも、再受講制度を上手に活用した結果です。

主催している『TOP1%セミナー講師養成講座』でも、再受講を促すため、最終日に最もテンションが上がるような工夫をしています。お客様を感動させるような仕掛けをたくさん用意しているのですが……本書を読んでくださっている方の中に、もしかしたら受講を考えている方がいるかもしれません。なので、来ていただいたときに実感してもらえたらと思います。

66 断られる理由は○○と○○、理由を潰せ

買わない理由

バックエンドの購入をためらう人の2大理由が、『日時』と『金額』です。

バックエンドの商品が連続講座の場合、指定された日時の都合が悪ければ、その商品を『買わない理由』になります。

ほかにも、仕事の休みが決まっていなかったり、子供の関係など、スケジュールが読めないという人はいます。というよりも、忙しい現代人はそんな人がほとんどです。

動画受講できるようにする

ではどうやったら、『日時』という理由を潰せるかというと、動画受講です。直接講座に参加できなくても、動画でフォローができるし、自宅にいても学べるという体制をつくればいいだけ。

動画だけではなく、メールや電話、ＺＯＯＭなど、フォロー体制は色々あります。動画を見てもわからなかったら、電話をくださいと言ってもいいでしょう。ケアが手厚ければ手厚いほど、お金を払う価値があると思ってもらえます。

ところが不思議なことに、フォロー体制を万全に整えて、「いつでも電話ください！」と言っても、実際に電話をしてくる人はほぼいません。人は〝フォローがある〟という事実だけで満足します。もし、万一のことがあっても大丈夫だろうという安心感がほしいのです。

なので、お客様が「あると嬉しいな」という安心感のあるフォロー体制をつけてあげることができれば、日時という理由は、ほぼ潰せるでしょう。

支払方法を選択できるようにする

そしてもう1つ、『金額』についてですが、30万円という高額商品だから売れないというわけではありません。支払方法を豊富に取り揃えていないのが売れない原因なのです。

一括で30万円を支払える人は少ないですが、毎月1万円だったら払えるという人は多いです。それなのに、一括でしか受け付けないというのは、購入したいと思っている人に対して不親切ですよね。この悩みを解消するために主催者はあらかじめ、分割支払いができるよう、カード決済の準備をしておく必要があります。

支払える体制が整っていれば、お客様に『私も買えるんだ』という気持ちになってもらうことができます。

もう1つ、金額をいつ提示するかというのも大きなポイントです。

たとえば、私は講座のチラシに金額を入れません。なぜかというと、チラシを見た時点でお客様に「高い」と思われてしまうと、そのあと聞く耳を持ってもらえないからです。

なので、金額の提示は、必ず商品の案内をしてメリットをすべて伝えてからにしましょう。

講座生の中には「高額商品なので、お客様にセールスするとき緊張してしまう」という人もいます。緊張するのは、あなた自身、商品の魅力を信じ切っていないせいかもしれません。

私は自分の商品に何よりも自信を持っています。30万円の連続講座も、50万円のコンサルティングも、それ以上の価値があると思っているので、セールスするときも、ものすごく軽いです。

金額という理由を潰すためには、あなたが商品に自信を持たなければなりません。

断られる理由を潰すことは、成約率を上げるために欠かせないので、動画などを使ったフォロー体制を整えることと、支払方法の準備は確実に行ってください。

67　1回きりで終わらせない、関係性の築き方

フォローアップ勉強会も

セミナービジネスは、基本的に売切り型のビジネスモデルです。講座に1度参加したら、それで

終了、体験セミナーに1回行ったら終了、というケースが多いと思います。

でも、せっかく繋がったお客様とのご縁なのに、1回きりで終わらせてしまうのはもったいないです。そこで、やってほしいのが〝集まれる場づくり〟です。

『TOP1%セミナー講師養成講座』では、卒業生も在校生も集まれるパーティーを定期的に開催しています。受講生が幹事をして集客もするので、セミナー練習のような面も持ち合わせています。

その定期的なパーティーで何が起こるかというと、卒業した人たちの中から再受講しようという人が現れるのです。また、再受講した経験者の話を聞いて、その場で次の期も受けようと決断する在校生も生まれます。つまり、集まった輪の中で、連鎖反応的にセミナー受講生が増えていくということです。

また、パーティー以外にも、講座を受講した方を対象にしたフォローアップ勉強会も定期的に行っています。この勉強会では、講座の時間内で落とし込めなかった部分を、個別に対応していけるようにしており、もちろん在校生だけではなく、卒業生も参加可能です。

戻れる場所をつくっておけば、関係性は続きますし、もっと学びたいという参加者の要求を満たすこともできます。

学びの間だけではなく、遊びの場もつくる

ほかにも、合宿や旅行を企画することもあります。昨年は講座生を集めて高知に合宿に行きまし

た。日中は、釣りやウェイクボード、トーイングチューブなど、アクティビティを満喫して、夜はミニコンサルをします。泊りがけのイベントをつくると、メンバー同士がものすごく仲良くなるので、よりよい関係性が生まれるのです。

このように集まれる機会を設けるだけで、売切り型のビジネスから、リピーターがつくビジネスへと変わるんです。

68　こんなときどうする？　クレーム対応策

起こりうるトラブル

どんなビジネスもそうですが、不特定多数を相手に商売をしている以上、クレームも当然のように来ます。セミナービジネスも例外ではありません。

「12か月のコンサルティングサービスに申し込んだが、思うような事業成果が出なかった。中途解約したい。サービスそのものに不満を持っているので、支払った分のお金も返してほしい」

「3か月間の独立ノウハウ講座に申し込んだが、思うように売上は上がらなかった。1年間の再受講フォローがあるが、それも放棄するので、支払った講座費用を全額返してほしい」

これら2つの事例は、実際に起こりうることです。もっと複雑なトラブルも考えられます。

1トラブルが起こったときにどう対処するか？　を予め考えておくことです。

最低限、法務の知識を勉強する

だからこそ、主催者には法務のスキルが必要です。セミナーを開催する前に、法令に則った規約を作成しないといけません。キャンセル可能な期間や、キャンセル料の説明、中途解約の可否など、トラブルが起こらないよう事前に決めておきます。

作成した規約は申し込み書に記載し、お客様に確認してもらいます。規約に同意したというのがわかるよう、チェックボックスにサインをしてもらうようにしましょう。

……と、ここまでやっても「納得できない」と言って、自分の意見を押し通そうとする方もいます。法令に遵守した規約であっても、人間の感情論としてどうしても譲れないという人もいるのは仕方ありません。

そういうときのために、あらかじめ、どこで線引きをするか決めておいたほうがいいです。争ってもエネルギーを使うだけで無意味なこともあるので、折れたほうがいいときもあります。私の知っているある主催者の方は、「なんかよくわからない面倒くさいこと言ってきた人には、既払金を返して、その後一切の関係を持たない」と決めているそうです。それも1つの線引きです。

できれば、こんな問題が起こる前に、トラブルを起こしそうなお客様を見極めることができればいいのですが、それは至難の業です。ある程度経験を重ねるとわかってきたりもしますが、突然感情的になる人もいます。

ハードクロージングをしない

強いて言うならば、コミュニティーのカラーに合わない人は、ハードクロージングをするのは控えたほうがいいです。なんとなく、ほかのメンバーとはタイプが違う、価値観が違うという人は、無理やり講座生に加えても、ろくなことが起きないということを覚えておくといいでしょう。

トラブルが起こってから、法務をもっとちゃんとしておくべきだったと後悔しないように、主催者のスキルは、日々勉強しておくにこしたことはありません。

69　コミュニティー構築のキモ

コミュニティー構築のメリット

一度の講座が終わると、そこには薄いコミュニティーが新たに生まれています。

その小さなコミュニティーを放置しておくのではなく、まとめて育てて、次の集客に繋げるというのが、コミュニティー構築のメリットです。

セミナービジネスで教えるコンテンツは、どれだけ差別化を図ろうと、同業他社やライバルの存在が出てくるのは、防ぎきれません。

ですが、コミュニティーだけはいくら頑張ろうと真似できませんし、そのセミナーに通おうという大きな理由になりえるのです。

〔図表20　良いコミュニティー形成のポイント〕

①リーダーがいること
②新しい情報や人が入ってくる仕組み
③集まれる場があること
④コミュニケーション
⑤サポートメンバーなど、自主性を促す仕組み
⑥ゆるやかさ、楽しさ
⑦継続性

コミュニティーが育っていくと、そのなかからビジネスが生まれたり、受講生が新しいお客さんを連れてくるような好循環ができます。本田健さんはその代表格ですね。

良いコミュニティー形成には、7つのポイントがあります。

この7つが揃っていれば、かなりいいコミュニティーが出来上がってくると考えられます。

たとえば、連続講座などは複数人で一緒に学ぶため、共通の価値観や言語があり、コミュニティにーするのは比較的容易です。連続講座を考えている方は、ぜひコミュニティー構築の方法も同時に考えてみてください。

うまくいっているコミュニティーを見ていると、とにかくコミュニケーションを取る機会を多くつくっています。また、メンバーそれぞれに参加意識を持ってもらったり、役割を担ってもらうのも重要ですね。

コミュニティーが形成されるには、ある程度の時間が必要なので長い目で見ていきたいですが、メンバーがみんな受動的だと、なかなか活発にはなりません。コミュニケーションが得意な核となる人をメンバーに加えるとよさそうだと、個人的には思っています。

69　いただいた名刺を活かす、ＳＮＳ活用法

交流会に行くと、そこに来ている参加者と名刺交換をするわけですが……その名刺、まさか、もらったまま、放置していませんよね？　名刺を交換したということは、相手に連絡をしても大丈夫ということです。名刺交換をしたその日のうちに、

『今日お会いしました●●です。本日はお時間いただき、ありがとうございました』

など、お礼のメッセージは必ず送るようにしましょう。この作業を行わない人が多いので、すごくもったいないなと思っています。たった１通メッセージを送るだけで、その人物との最初の接点が生まれるわけです。１度の接点が生まれてしまえば、改めてメッセージを送るときのハードルも大分下がりますよね。

メッセージを送ったあとは、いただいた名刺を即データ化しましょう。『Eight』など、優秀な名刺管理アプリが色々あるので、それらを使ってデータベース上で管理すると便利です。

探したい人を検索すればすぐに発見できますし、メモ機能がついているものもあるので、アポイントやセールスをする際にもすごく楽になります。

名刺をもらったらすぐにＳＮＳで繋がる

また、名刺をもらったらすぐにＳＮＳで繋がることも大事です。Facebook をやっているなら、積極的にお友達申請していきます。

そしてもう1つ、名刺で重要なのが住所です。私がまだ銀座のバーを経営していた頃のことですが、お客様に手書きでイベントのＤＭを送ったことがありました。計３０００枚です。ものすごく大変な作業でしたが、リターンもとても大きいものでした。メールや電話で告知をするよりも、ずっと多くの人が来てくれたのです。

費用がかからない手軽さから、大手企業もメールで案内を送ることが多い時代だからこそ、響いたのかもしれません。

印刷代や、切手代などの経費もかかりますが、ここぞというイベントのときにやると効果的です。これも名刺があってこそできることです。

名刺を活かすも殺すも、あなた次第。もらった情報は最大限活かしましょう。

70　次なる企画のヒントを得よ！　お客様の声

お客様の声を集める目的は、２つあります。

ニーズや改善策を聞く

１つは、ニーズや改善策を聞くためです。セミナー終了後にアンケートをお渡しし、良かった点や悪かった点、次のセミナーへ期待することなどを、書いていただきます。セミナーのブラッシュアップをはかるためにも、アンケートはぜひ集めるようにしてください。

アンケートに良かった点をたくさん書いていただくと、それだけで主催者や講師のモチベーションがグッと上がります。

私もお客様からの「すごく勉強になりました」「新しいことを知ることができて本当に良かった」などの声にいつも励まされています。

また、次のセミナーへの要望をいただくこともありますが、お客様は十人十色です。休憩時間が短かったとか、資料が多すぎて読むのに疲れる、もっと動画を使って説明してほしいなど、いろいろな意見が寄せられると思います。

ですが、これらすべての意見を反映する必要はありません。休憩時間にしろ、資料にしろ、動画の使い方にしろ、意味があってそうしているのだと思います。お客様の意見を取り入れすぎると、逆に講座の質が下がってしまうかもしれません。

主催者としてのプライドを持って、意図に添った意見だけを取り入れるようにしてください。

集客に使用

そしてアンケートの2つ目の目的が、集客です。

連続講座やセミナーを検討している人が、最も見るのが過去の口コミです。そのセミナーに実際に参加した人たちが何と言っているか、どんな成長があったのかを気にしています。

Amazon で買い物をするときもレビューを見ますよね。食べログで店を探すときも、星の数を気にする人は多いと思います。それと同じ感覚で、体験者の生の声が、次のお客様を連れてきてくれます。

この生の声はできれば、動画で撮るようにしましょう。顔が見えていると、言葉の信憑性が増すためです。逆に、良くないのはイニシャルなど、実名を出していないケースです。人を集めるために主催者が適当に書いているように見えてしまいます。

動画はセミナーやイベント時のときに、参加者に見てもらうとより効果的です。もちろん、HPやLPにも掲載しましょう。講座に参加してくれた方には、ぜひ動画の撮影をお願いしてみてください。くれぐれも、無断で使用することのないようにご注意願います。

おわりに

ここまで読んでくださり、ありがとうございました。

あなたが今本書を読み終えたとき、少しでも「あ、私にも主催ができそうだな！」と思って一歩を踏み出してくれたら嬉しく思います。

はじめに、でも書きましたがセミナーやイベントの主催は、出会いの場の創造や人の成長に貢献でき、なおかつ、喜んでもらえる最高の仕事です。「人生は出会いで変わる」とは月並みな言葉ですが、数々のセミナーや講座、イベントを主催してきたことで、人生を自分らしく、より豊かに幸せに生きられるようになった人たちをたくさん見てきました。

ある講座を受講してくれた、ひとりの人のエピソードを紹介します。

その人は、その講座の受講を決めたとき、立ち上げた事業がうまくいかず、廃業寸前まで追い込まれていました。貯金を切り崩しながら試行錯誤運営している最中、藁にもすがる思いで受講を決意してくれたのです。

私が初めてその人に会ったとき、出てくる言葉は「でも…」「だって」という否定の言葉、「どうせ無理…」「私なんか…」というような、ネガティブなものばかりでした。

ところがみるみるうちに、その人は変わっていきました。

講座で学んだことを実直に実践し、成果を出していきました。成果を出していったことで自信ができたのでしょう、顔つきも明るくなり、出てくる言葉がポジティブになっていきました。

同じ講座を受講する仲間に対しても、「困っていることがあったら、なんでも相談してね！」「●●さんならできるよ！」「一緒に、目標を達成しよう！」とサポートを惜しまなくなり、誰からも愛され、尊敬される人となりました。

人は、どんな人生も選択することができます。そのきっかけが、誰に出会うか、どんな学びの機会に触れられるかです。

ぜひ、そんな素敵な場をつくってください。心から応援しています。

最後になりましたが、私が主催するセミナーやイベントに参加してくださっている皆様、ＴＯＰ１％養成講座をともに主宰する坂田公太郎さん、佐々妙美さん。プロ主催者養成講座をともに主宰する今野富康さん、いつも支えてくれている大上達生さん、杉川雅彦さん、ビジネスパートナーの皆さん。また今回大変お世話になったライターの中村未来さんのおかげで、本書の出版ができたことを心から御礼申し上げます。

安井　麻代

著者略歴

安井　麻代（やすい　まよ）

株式会社ダブルエム　Executive Producer
1980 年　愛知県生まれ
セミナー・イベントの企画から制作、運営までを行うセミナー・イベントプロデューサー。
2000 年に飲食業、デザイン業、コンサルティング業、セミナー業などを展開する企業グループに入社。最年少取締役に就任後、イベント企画、店舗開発などにも携わる。
2007 年独立、銀座にバーを出店。同時にセミナーや講演会、パーティなどのプロデュースを始め、現在までに自身がプロデュースしたセミナー・イベントは 1000 本超、1 万人以上を動員。
企業、教育機関での講演やセミナー・イベント開催協力、雑誌・ラジオ・ポッドキャストなどへの出演実績などを持ち、著書に『初めて会う人でも大丈夫！誰とでもすぐに仲良くなる技術』（すばる舎）、『誰にでもできる交流会・勉強会の主催者になって稼ぐ法』(同文館出版) などがある。
セミナーやイベントを活用した顧客創造と売上拡大を得意とし、現在はプロデュースの他、セミナー講師、企画運営コンサルティングなども行う。人気講座、セミナー講師養成TOP1% 講座、プロ主催者養成講座を主宰、東京都中央区八丁堀にて、セミナールームイベントスペース WM を運営する。

セミナー・イベント主催で成功する71の秘訣

2018年 6 月20日　初版発行

著　者　安井　麻代 ©Mayo Yasui

発行人　森　　忠順

発行所　株式会社 セルバ出版
〒 113-0034
東京都文京区湯島 1 丁目 12 番 6 号 高関ビル 5 B
☎ 03（5812）1178　　FAX 03（5812）1188
http://www.seluba.co.jp/

発　売　株式会社 創英社／三省堂書店
〒 101-0051
東京都千代田区神田神保町 1 丁目 1 番地
☎ 03（3291）2295　　FAX 03（3292）7687

印刷・製本　モリモト印刷株式会社

Printed in JAPAN
ISBN978-4-86367-431-8